福岡発！　西短MP学科が日本を楽しくする

ドル
OWER
力

元テレビ朝日プロデューサー
西日本短期大学教授
メディア・プロモーション学科長
今木清志

みらい
PUBLISHING

なりたい

西短MP学科 さくら組

アイドルに

どきどきしてますか

私を見てください

苦手なことも
乗り越えられる

あこがれが形に

仲間ってなに

出会いがある

真剣勝負

Gate's 7
SEVEN

SEISHUN

Show must go on !

先生は厳しいけど～

ホントは優しい？

写真：西短 MP学科の３年間より

アイドル力
IDOL POWER

福岡発！
西短MP学科が日本を楽しくする

元テレビ朝日プロデューサー
西日本短期大学教授
今木清志

みらい
PUBLISHING

はじめに

元テレビプロデューサー、福岡で教授になる

エンタメのプロデューサーという仕事

私が西日本短期大学メディア・プロモーション学科の教授に着任したのは、２０２０年4月のことでした。それまで34年間、テレビマンとして東京の民放テレビ局で仕事に没頭していました。

忙しい日々の中でも充実感がありましたし、なにより、芸能の世界で一流のプロとしてたずさわる方々と一緒に仕事ができたことは、私の人生におけるかけがえのない経験となっています。

もともとドラマ制作にたずさわりたくて入局したのですが、現実はそう上手くはいきません。なかなかドラマの仕事ができなかった若い頃、ディレクターとして『欽どこＴＶ』などで萩本欽一さんとご一緒したことがありました。

バラエティ番組でしたが、出演者のエピソードの再現ドラマや、クイズ問題用の映画や

ドラマのパロディ的映像で、精一杯ドラマ的表現をし続けたところ、萩本さんが「今木君の作るドラマ映像はおもしろいね」と声をかけてくださいました。この時、ドラマ制作を目指しているのは間違ってないんだと、改めて自信を持てたことを、本当に感謝しています。

その後、ドラマ番組のプロデューサーとして『はぐれ刑事純情派』『土曜ワイド劇場』など多くの作品を手掛けることになりました。やっと念願のドラマ作りにたずさわることができた、本当に幸せな時間でした。

『はぐれ刑事純情派』のプロデューサーとしてご一緒した名俳優の藤田まことさんは、現場のキャストやスタッフをとても大事にする方でした。スタッフの各パートのチーフはもちろん、助手まで全員の名前を覚えて気さくに声をかけ、冗談を言って場を和ませてくれました。地方ロケなどでは、撮影でお世話になったお店の店員やホテルの従業員などへも、感謝の気持ちを込めて言葉を交わし、心配りをされていました。

一方で、いい作品を作るためには妥協をせず、脚本に納得がいかないと、プロデューサーや脚本家と、納得いくまで意見を交わす、とても真摯な姿勢の持ち主でした。

土曜ワイド劇場『おばはん刑事！　流石姫子』シリーズのプロデューサーとしてご一緒した中村玉緒さんは、若い監督に対しても「先生」と呼ぶ方でした。かつての日本映画が華やかな時代に映画女優であった頃からの習慣なのですね。私を含め、監督やプロデューサーは、その言葉から、偉大な背景を感じて身が引き締まる思いをしていました。

事故ですべての記憶を失った青年の実話に基づいたスペシャルドラマ『ぼくらはみんな生きている』のプロデューサーとしてご一緒したオダギリジョーさんは、演技にとてもストイックな方です。すべての記憶を失って赤ちゃんのようになってしまい、そこから新しい人生を始めるという難しい役作りに、悩みながら真剣に取り組んでいました。主人公が混乱して暴れるシーンで迫真の演技のあまり首を痛めてしまい、病院へつき添って行ったこともあります。無事治って事なきを得てホッとしたのを、今でも覚えています。

制作現場でご一緒した方々から教わったことは、ここに書ききれないほどあります。こうした経験はすべて、私の血と肉となり、魂に刻み込まれていると感じます。それほど、観る人を楽しませようとする精神はすさまじいほどに、本物でした。

ドラマ制作にたずさわりたいという夢を抱き、実際にドラマ制作の現場に入って駆け抜けた30と数年の日々は、そのまま続くものと思っていました。

そして、テレビ局で働きはじめて32年目の秋、心筋梗塞で倒れたのです。

リアルストレッチャーが見せた使命

手術室へ運ばれるストレッチャーの上、ドラマでこんなシーンを撮ったことはたくさんあるけれど自分が乗って見るリアルな光景はこんなふうなんだと、ぼんやり思ってみたり、妻に「じゃあね、行ってくるね」と気軽そうな声をかけ、なんてことはないようにふるまったりしつつ、「これでもう戻って来られないかもしれない」と、どこかで覚悟を決めていました。

けれど同時に感じたのは、とてつもない喪失感と焦りでした。

死への恐れではありません。こうして積み重ねてきた学びが、すべてなくなってしまうことに対してです。学生時代から演劇活動に熱中し、テレビ業界で長い間番組づくりにたずさわってきて得た、芸能やエンターテインメント、メディアといった分野での経験。

それが、私の死の瞬間には消えてなくなる。

本当にそれでいいのか。

幸いなことに、私は生かされました。「生かされた」そう感じたということは、新たな役割を与えられたのではないか。人はいつか死ぬ。それは痛いほど実感しました。だからこそ、さまざまな芸能にたずさわるプロの方々と一緒に仕事をしてきて得た経験まで葬ってはいけない。そう強く感じたのです。ではどうすればいいのだろうか。

そうだ、若い世代へ受け継げばいい！

唐突に私の中に差し込んできた光のようなイメージは、若者たちに先人の教えを説く、指導者としての自分の姿でした。

大切な財産として私の中に根づく、人を楽しませる「エンタメの精神」、1つの作品を協力して作り上げる「チームワーク」、それらを追求し自分を磨く「クリエイティブ力」、そうした経験を、次の世代に継承していきたい！　これこそ私が生かされた意味ではないか。

その瞬間から、全く畑違いであった「教える」という仕事に興味を持ち、実現できる場所はないかと北海道から沖縄まで全国の大学や短大のメディア系の学部・学科を調べてアプローチしました。しかし、そう上手い具合に大学の、しかもメディア系の教員のポストが空いているわけもありません。第二の人生のスタートには、かなり苦労しました。

西日本短期大学メディア・プロモーション学科も、アプローチをかけた学科の一つ。けれどはじめは

「東京のテレビ局で長年プロデューサーをやっていたような人は、地方の小さな短大の教員にはなじまない」

と断られました。もちろん私は、自分の新しい目標に近づけるのなら、どこでも行く覚悟でした。実はこの時、当時の学科長が福岡からわざわざ私のいる東京まで来られて、お話をしてくださいました。その誠実な姿に、ますますこの大学でお世話になりたいという思いは強まりました。

その後、ゲスト講師として「テレビドラマの作り方」という講義をする機会を得ました。学生だけでなく、教員の方々も見守る中、私にとって人生初めての「教える」現場をやりとげました。そして夢中で終えた講義への学生アンケートは、「現場の話が聞けてとても勉強になった」「こんなに楽しい授業は初めて」という、嬉しい高評価だったのです。この講義がきっかけとなり、翌年に退任されるメディア・プロモーション学科創設者である教授の後任として、採用していただけることになりました。こうして、私のセカンドキャリアが始まったのです。

福岡になじみがあったわけではありませんでしたが、移り住んですぐに愛着がわきました。人々は情に厚くて明るい。地方とはいっても九州の中心地として栄えていて、演劇や音楽など文化的な豊かさとにぎやかさも感じられる。そんな土地で、学生と触れ合う日々です。

メディア・プロモーション学科は、エンタメ業界で仕事をする夢を持った学生たちが集まる学科です。「メディア論」や「テレビドラマ論」といった学問的な面に加えて、思いがけず学生アイドルユニットをプロデュースすることになりました。

ちょうど私が着任した年の春、世界規模でコロナによるパンデミックが始まりました。日本もコロナ禍に覆われていきました。

学生たちは学校に入れない、新入生は初めての講義もリモート、新しい仲間たちと会えない、学生にとっても教員にとっても、大変な日々。そんな時、ＡＫＢ48のメンバーがそれぞれ自宅で『３６５日の紙飛行機』を歌った映像を１つに合わせた動画がアップされました。ほかにもさまざまなアーティストたちが同じように、自宅で歌う動画を届ける様子を観た時、「私たちもやるべきだ！」と感じました。エンタメの世界で活動する彼らは、自分に今できることをやることで、その役割を果たそうとしている。

もちろん、全国で学校に行けないつらさを経験している学生たちと、「西短メディア・プロモーション学科」の学生たちも同じ境遇です。けれどこの学科にはアイドル活動があります。学生のつらさやくやしさが分かる彼女たちこそ、パンデミックの世界に光を届けられるのではないか。

私は、『コロナに負けない！　プロジェクト』としてアイドル活動で世の中に元気や笑顔を届けていこうと提案をし、動き始めました。

現在は、学生アイドルや、学科のエンターテインメント全般の活動を学生たちの成長に結びつけるだけでなく、地域の活性化にも役立てたいと奮闘中です。

「これからは、地方からでもエンタメの発信はできる！」

夢中でプロデュースするうちに、この想いは強くなりました。

東京のテレビ局時代、やはり私の視線は東京を向いていたと言わざるを得ません。エンタメの中心は東京。東京から発信してこそ、全国に波及していく。そう思っていました。

しかし、福岡でプロデュースしていて、「東京でなければ」という意識はどんどん薄れています。今はYouTubeをはじめとしたSNSで、発信できる手段がたくさんある。それがまず、地方でもエンタメをプロデュースできる理由の第一です。しかし、もちろんそれだけでは魅力的な発信はできません。

福岡は、もともと大勢の芸能界のスターを生み出してきた街でした。古くから海外文化の玄関口となっていた場所であるとか、お祭りが多くてお祭り好きの気質があるとか、芸能人を輩出する環境があったからではないかと、私は考えています。そういう場所だからこそ、芸能文化は生まれ、磨かれている。つまり、魅力的な芸能人がたくさん生まれ、魅力的なアイドルも生まれる土地であって、プロデュースもやりがいがあると思えるのです。

では、福岡が特別なのでしょうか。芸能人を多く輩出するような福岡だからこそ、エンタメの発信もできるのか？　他の地方では難しいのか……？

違うと思います。確かに福岡は、芸能を育む街として恵まれた特質をいくつか持っていました。それがあったからこそ、今、福岡らしいエンタメの発信もできるわけです。でも、他の地方だって福岡をモデルケースにできないわけはありません。

地方が特性を認識して追求していくことで、芸能と結びつく何かは見つけられると思っています。福岡にとっては、それが「海外文化の玄関口」や「お祭り好き」だっただけで、どんな土地にも特色はありますよね。それを見つけて磨き、芸能と結びつける。地方がみんな東京を目指して特徴がなくなるのではなく、土地の特色で進化し、文化を発展させ、他の地方とも良い影響を与え合う。

そんな良い循環が生まれれば、今はＳＮＳを使っていくらでも発信できる世の中ですから、場所は関係ありません。ローカルから全国へ！　も可能なはず。いろいろな地方が活性化することで、日本全体の活性化につながると信じています。

私もまだ、学生アイドルのプロデューサーとしては発展途上です。しかし、学生アイドルの可能性を信じ、もっと魅力を引き出して、福岡に限らず広い世界へ発信していきたい。このセカンドキャリアに、情熱を持って取り組んでいます。

読んでくださるみなさんには、地方にいることを活かしたエンターテインメントに挑戦していただきたい。もし私の学生アイドルプロデュースの経験を参考にしていただけるなら、仲間が増えるような気がして嬉しいです。

エンターテインメントで人々の笑顔があふれる世界を創りましょう！

目次　アイドル力

第1章

アイドル力のつくり方

地方大学でアイドルを育てる！
西日本短期大学メディア・プロモーション学科

「福岡のアイドル？　ああ、白石がおるよね」と言われる存在になりたい！

アイドルグループ博多ＯＲＩＨＩＭＥリーダー　白石ありさ

×

西日本短期大学メディア・プロモーション学科長　今木清志

第2章

地方最強！エンタメ都市・福岡につづけ

第3章

テレビマン考察！
祭りの聖地が育んだ美意識ともてなしのパワー

第4章

アイドルを支える人たち
東京から1000kmの地で
エンタメ発信する、ゆるぎない熱量

プロデューサーの大事な役割は、クリエイティブの質を上げるだけでなく、全体を見ながら組織を整えること

西短メディア・プロモーション学科教員座談会

154

学科長　教授　今木清志　メディア論・テレビドラマ・映画

×

副学科長　教授　徳永玲子　演劇・ナレーション・日本舞踊

×

准教授　宮谷未知子　ダンス

×

助教　金子朋未　ナレーション・リポート

アイドル力のつくり方

第1章
大学でアイドルを育てる！西日本短期大学メディア・プロモーション学科

元テレビマンの教授が伝えたい、アイドル力の基礎づくり

① もっとクリエイティブに！

「エンタメ業界を志望する若者の育成」、メディア・プロモーション学科の役割は、ひと言でいえばそれです。

西日本短期大学メディア・プロモーション学科は、私の前任者の牛嶋徳太朗先生の多大なるご尽力によって、２０１１年に誕生しました。短大でアイドルを養成するという今までになかった試みを実現させたわけですから、若い人たちにエンタメ界で活躍して欲しいという強い想いがあったのだと思います。そうでなければ、前例のない学科の新設などという大変なことにチャレンジできないと思うのです。

私は２０２０年に東京のテレビ局を退職して、メディア・プロモーション学科にやって来ました。「教える」ということにこれまでは縁がなく、当初、若葉マークをつけているような状態ではありました。それでも私は、これまで学科が築いてきた基盤をしっかり受け継ぎつつ、テレビマンだった経験を活かして、よりクリエイティブな働きをしたいとい

う意欲に燃えていました。

よりクリエイティブな働きといえる最も分かりやすい例は、やはりアイドルユニットのプロデュースで、中でもミュージックビデオの制作です。出演者が学生というだけで、世の中に出回っているプロのミュージックビデオと基本的には変わらない作業工程で制作を進めています。

テレビ局のプロデューサー時代の私がやっていたのは、ミュージックビデオではなくドラマの制作でした。プロデューサーとして、まず自分のコンセプトをしっかりと決めて作りたい作品像を明確にする。それに沿って脚本家に脚本を依頼し、音楽家に作曲してもらい、監督に演出してもらい、出演者に演技してもらい、カメラマンに撮影してもらうなど、現場の各スタッフに役割を果たしてもらう。そして編集で仕上がったものをチェックし、すべての工程に責任者として関わり、完成させます。

ミュージックビデオの制作でも同じで、コンセプトを決めて、作詞、作曲を依頼し、学生のボーカルを指導します。ダンス振り付け担当の先生にイメージを伝え、衣装のイメージ決めや撮影場所の選定などもコンセプトに沿ってやっていきます。

撮影など技術部門は制作会社に依頼しますが、私がクリエイティブにプロデューサーの役割を果たすことが打ち合わせの際に分かると、「え、先生が⁉」と驚かれることがあります。大学教員という立場ではめずらしいようです。

テレビ業界における現場の経験が、学生の学びにつながるなら、こんなに嬉しいことはありません。

②取材なんて待っていても来てくれないよ

更に、発信という面でもテレビ業界での経験をフルに活用しています。ＨＫＴ48のような著名なプロのアイドルグループなら取材対象としてマスコミにも意識されるでしょうが、無名の学生アイドルグループに黙っていても取材が来るようなことはありません。こちらから発信しなければ、そして取材したくなるような何らかのアピールポイントがなければ、取材していただけなかったでしょう。

テレビ局でプロデューサーの立場で取材を受けたことも、また、取材を手配する宣伝部にいたこともある。その経験が、無名の学生アイドル活動を世の中に発信するためのノウハウにつながっています。

また、テレビ局時代の仲間や古い友人に声をかけると、「ぜひ応援したい」と活動を広める協力を申し出てくれる人もいます。それは私のためというよりも、学生たちを応援したいという想いを感じます。私が学生アイドルの力で日本を笑顔にしたいという願いのもと動いていることを、理解し応援してくれている、そう思うのです。

こんなふうに発信する努力を続けていけば、いつか西短の学生アイドルグループが福岡中に知れ渡り、やがては日本中に認知される日が来るかもしれません。それは決して夢ではないと思っています。

③エンタメ精神はチームワークが大事！

西日本短期大学メディア・プロモーション学科の「エンタメ業界を志望する若者の育成」という役割の中で、更に私の役割というものを掘り下げてみると、「経験を活かして学生のアイドル活動などエンターテインメント全般の活動をプロデュースし、広めていくこと」になります。

ただし、その前にもう一つ、大切な役割を忘れてはならないと考えています。それは、私だからこそ語れるエンターテインメントの精神やふるまい方を伝えることです。

テレビ局時代、土曜ワイド劇場『女変装捜査官』シリーズなどのプロデューサーとしてご一緒した片平なぎささんは、共演者やスタッフへ細やかに心配りをされる方でした。休憩時間などに飲食をする際、衣装を汚して衣装担当に迷惑をかけないよう持参の前掛けをされていた姿をとてもよく覚えています（当たり前のようですが、そこまでできる人は見かけなかったのです）。若い頃ADをしていたとき、寒い日のロケ現場で温かい飲み物をいただいたことも忘れられません。

黒柳徹子さんとは、プロデューサーとして制作したドラマの俳優を『徹子の部屋』に出演させていただいたり、宣伝部にいた際には『徹子の部屋』の宣伝担当をしたりと、ご縁がありました。

『徹子の部屋』のスタジオ収録に立ち会って感じたことは、テレビ1期生からのキャリアを感じさせるプロ意識。ゲストについてのリサーチを自ら細かく書き込んだメモを用意し、収録番組でも生放送と同じように放送時間ぴったりにトークを収めていました。

スタッフルームでは、いただいた差し入れのお菓子を、その場のスタッフの人数を数えて自ら均等に分ける姿が深く印象に残っています。

エンターテインメントは、人前でパフォーマンスする人だけでなく、それを支えるたくさんの人の「チームワーク」によって創られるもの。みんながお互いの働きを尊重し、認め合いながらそれぞれの担当でベストを尽くすことでこそ完成するのです。

私は個人的に「裏方」という言葉を使いたくありません。舞台に立つ人だけでなく、照明や音響、大道具、小道具といったスタッフとの共同作業で、やっと1つの作品ができるのです。そこには「裏」も「表」もなく、対等の役割分担があるのだと私は感じています。もちろん学生たちにも大切なことだと話していて、真摯に受け止めてくれます。

本番の舞台でパフォーマンスが終わったあと、出演者の学生が観客から自分たちだけ拍手をもらうのでなく、「一緒に頑張ってくれた制作チームにも拍手をお願いします！」と声をかけてくれるようになりました。

テレビ番組制作を通じて身につけてきた精神を、クリエイティブの実践の中で学生たちに伝えています。

実は同時に、私というフィルターを通して、過去にチームを組んできた多くの名優やプロの制作スタッフたちの魂を、学生たちに受け継ごうとしているのかもしれません。言葉では語りつくせない先人たちの役者魂や、気配り、観る人を喜ばせたいという純粋な想い、そのための切実な努力……そうしたエンタメ精神を肌で感じ取ってきた私に課せられた使命なのだと思うのです。

メディア・プロモーション学科には、アイドル志望の他に声優志望や俳優志望、歌手志望もいますし、出演者を支える制作の仕事を志望する学生もいて、エンタメ業界のさまざまな分野を目指す学生が集まってきています。

そして、アイドルユニットの活動や声優ユニット、演劇ユニット、シンガーユニット、制作チームなどの、表現活動がカリキュラムに組みこまれています。これらの活動が、学生たちに大きな成長をもたらしていることは確かです。特にアイドル活動は学生を成長させる度合いが著しく大きい。そう感じています。

なぜ、アイドル活動は学生を大きく成長させるのか。

それはやはり、人前に立って自分自身を魅力的に表現して見せる活動だからです。声優ユニットや演劇ユニットの活動もステージで行うので、人前で表現をすることに変わりありません。でもそれは「キャラクターの声になりきる」「役の人物になりきる」ものであって、自分自身の存在自体を魅力的に見せようとするものとは少し違います。

自分自身を魅力的に見せる。

そのカギとなるのは、**観ている人に笑顔や元気を与えるオーラ**ではないでしょうか。

アイドルは歌って踊れることも大事ですが、それ以上にステージでキラキラと輝き人を魅了することが大事です。学科のカリキュラムでは、芸能活動に必要なダンスやメイク、モデルウォーキング、ボーカル、アナウンスメント、演技をはじめとしたさまざまな授業が用意されています。でも、それらを習得するだけでは笑顔を届けるアイドルにはなれません。

アイドル活動を実践しながら、練習と現場で身についていくことなのだと思っています。

子どもの頃からの口癖が「頑張れない」だった学生が、1年生の最後の春休みに、初めての外部のライブに出演する選抜メンバーに選ばれました。さらにその中でセンターになりたかったのですがなれませんでした。毎日猛練習する中で、だんだんと彼女の中で変化が生まれ、「ＡＫＢ48でいうと前田敦子さんがセンターのときの大島優子さんのような存在になりたい」と、センターじゃなくても目立つ存在を目指すようになりました。そういう立ち位置にたどり着きたいと燃える、ライバル心のようなものが生まれたとき、「頑張れない」から「頑張れる」ようになったのです。

そして努力を続け、実際、センターでなくても彼女は観客に注目される存在になっていきました。どこにいてもつい目が追ってしまうのです。その後のライブでは、遠くから彼女に会うためだけに来てくれるファンもできて、自分を認めてもらえたと実感することで自信がつき、プロのアイドルを目指すようになりました。（その後、目覚ましい成長をとげ、希望していたプロのアイドルグループに加入することができました）

この「頑張れない子」だった学生が身につけたものこそ、「オーラ」です。

観る人の目をひきつけ、魅了してやまない吸引力と輝き。これは人前に立ち続け、立ち続けるために自分を磨き続けるからこそ身にまとえる見えない力なのです。

短大でこのようなアイドル活動を学ぶことには大きな意味があると思っています。メディア・プロモーション学科では、教育の一環としてアイドル活動を取り入れることで、オーラというつかみどころのないものを身につけていきます。こんなふうに学校でアイドル活動を通じて教育をするというケースは、極めてめずらしいですよね。

教育機関として学生の教育に重きを置きつつ、エンタメは発信することで初めて意味を持つからこそ、アイドル活動をライブやミュージックビデオで発信して知ってもらうことにも重心を置く。いわば、教育とエンタメ発信との両輪で、学生たちの成長を促す場所がメディア・プロモーション学科です。

誕生！「西短MP学科さくら組」

すでにこの本の冒頭でも書きましたが、私がメディア・プロモーション学科の教員として着任した年の春は、新型コロナの影響で世の中が一変した時期でした。外出はままならず、もちろん短大でもオンライン授業に移行しなければならず、学生もかわいそうでしたが教員側も慌ただしく試行錯誤していました。日本中が同じように戸惑いの中に放りこまれた、不安に包まれた日々でした。

こんな憂鬱な日常にこそ、世の中の人々に笑顔と元気を届けるために、エンタメが機能すべきだ。学生アイドルたちならそれができる！　と思ったのです。

すでに学科で活動していた学生アイドルユニットの、それまでやっていたライブ活動は当然できなくなっていました。

なんとか、活動を再開させたい！

こんなときこそアイドル活動で癒やしや元気を発信する意義がある！

着任早々、そう訴えた私の想いは学科の先生方にも届きました。状況が状況なので「今はそれどころではない」と却下されても仕方がなかったと思います。でも、この学科には芸能活動経験者が教員として集まっているだけに、みなさんその意義を理解してくださった。今も、とても感謝しています。


始動したコロナ禍でのアイドル活動。具体的には、オリジナル楽曲のミュージックビデオの制作とＳＮＳでの発信企画でした。これを「コロナに負けない！　プロジェクト」と名づけて発信し、学科の今までのアイドル活動とは違う新しい挑戦を始めたのです。

まずは、オリジナル楽曲の制作です。

学科の第７期卒業生であるシンガーソングライターの碧海《あおい》さん（当時は「あおりんご」名義）にコンセプトを伝えて、オリジナル楽曲の作詞作曲を依頼しました。私が提示したコンセプトは、「はなれていても、そばにいる」。人と人とが直接会えないという状況の中、離れていても心でつながることで元気や癒やしを得て、未来へ向かって進んで行こう、という世界観でした。でき上がってきた「miso soup」は、普通の生活が送れない今だからこそ、当たり前だと思っていた日常の素晴らしさに感謝しよう、そしてまた以前のような日常が戻って欲しい、という想いをこめた楽曲でした。

「miso soup」は味噌汁。つまり、日常生活の象徴なのです。

次に、もともとあった4つのアイドルユニットのネーミングの見直しを始めました。

それぞれ日本の伝統的な重厚さを感じさせる漢字表記のユニット名でしたが、コロナ禍の今、もっと人々の心を和らげる優しい雰囲気のユニット名にしたい……。そこで、前の名前のエッセンスを残しながら、ひらがなで柔らかく、しかも普遍性のあるユニット名を作ったのです。

それが、「はな組」「かぜ組」「ほし組」「そら組」でした。そして4ユニットの全員、つまりメディア・プロモーション学科でアイドル活動をする全員の総称を「西短MP学科さくら組」としました。

いよいよ西短MP学科さくら組による、「miso soup」のミュージックビデオの制作を開始！

「miso soup」
そばにいるのに一緒に撮影できないなんて！
だからみんなが並んだ画像が嬉しかった！

「miso soup」MV

５月には緊急事態宣言が解除されて、西日本短期大学では６月から対面授業が始まりましたが、みんなで集まって歌ったり踊ったりはできない状況でした。そこで、１人ずつ個別に撮影して編集で合成するという形でミュージックビデオを制作しました。とはいうものの、全員が集まれるチャンスには限りがあります。「○コマ目の90分で撮影完了させないと！」という時間的な制約、さらには密になってはいけない、という条件の中で成立させるため、撮影チームを４つつくり、同時進行で行ったのです。

学科として初めてのミュージックビデオ制作、しかも個別の撮影で４チームの同時進行など、通常の状況ではないさまざまな困難の中「コロナに負けない！」を表現するために学生たちも教員も頑張りました。

そして２０２０年７月にリリース。コロナ禍でも活動ができた！　ミュージックビデオという新しい試みに挑戦することができた！　そんな喜びを持って、学生たちは前向きに取り組んでくれました。

２０２１年２月には「コロナに負けない！　プロジェクト」２作目の楽曲「あかるいほうへ」をリリース。１年たってもコロナ禍の収束が見えない中、「今は不安でも、きっと明るい未来はある。希望を持って、明るいほうへ進んで行こう」がコンセプトの「希望」

「あかるいほうへ」
みんなと撮影できるって嬉しい。やっぱり一緒が楽しい！

「あかるいほうへ」MV

を歌った曲でした。もちろん、ミュージックビデオも制作。1作目のときと違って全員で集まって撮影できる状況になったので、自然が豊かで景色の美しい二丈キャンパス（糸島市）で全員のダンスシーンを撮影しました。のびのびとパフォーマンスする学生たちの姿を収めたミュージックビデオは好評で、学科のエンタメ発信に弾みがつきました。

今も、アイドル活動をする学生たちの4ユニットがあり、その全員の総称が「西短MP学科さくら組」です。学外のライブには、全員では人数が多いため、7人程度を選抜してパフォーマンスしています。

地方都市アイドル活動だからできる、新しい形の地域貢献

アイドルは、観てくださる人に笑顔と元気を届けられる存在。地方都市にある一短期大学としてアイドル活動を進めていくならば、まずは地元のみなさんを笑顔にしていきたいですよね。そこで、地域の活性化に役立つ活動に積極的に取り組んでいます。

「一日税務署長」
事前に何回も原稿を読み、リハーサルを重ねました。就任式はリモートで

「確定申告ＰＲ用動画制作中」
「とても素晴らしいものができた」と福岡国税局からもおほめの言葉をいただく

福岡の離島・能古島で開催された能古島国際映画祭のステージイベントに参加したり、地元の唐人町商店街の夏祭りのステージでパフォーマンス。公的機関からご依頼いただく仕事も増えています。

例えば、２０２１年11月に「西短ＭＰ学科さくら組」が、福岡税務署の一日税務署長に就任して、「税を考える週間」の特別イベントを開催しました。

また、財務省・福岡財務支局のご依頼で、同年12月に財政教育動画「日本の財政を考える」のナレーションを担当、２０２２年４月には詐欺防止啓発ドラマ「ＳＮＳ勧誘の罠～セミナーに参加しない？」と「狙われる学生～必ずもうかるよ」を制作。

さらに、福岡国税局からのご依頼で、２０２３年2月から3月にかけて公開される確定申告ＰＲ用動画を制作。この動画には「西短ＭＰ学科さくら組」が出演し、撮影・編集など動画制作も学科で行います。これは、デジタルサイネージ（映像による電子看板）で、ＪＲ博多駅・小倉駅に掲示され、福岡の各税務署、西日本シティ銀行の各支店などでも上映されるという大規模なものです。

地元の商店街の夏祭りイベントは、大学近くの唐人町商店街でアルバイトをする学生の「地元のお祭りに参加して地元を盛り上げたい」という提案から参加を決め、学生たちが積極的に進めました。猛暑の中、暑さも感じさせずにこやかに全力で歌い踊る彼女たち。ライブハウスとは違う、観客との距離の近さ。それらすべてを、「楽しんでもらいたい」という想いでやりとげたのです。

プロのご当地アイドルグループは、福岡にはたくさんあります。彼女たちはプロとして、パフォーマンスの対価としてのギャラを受け取ります。しかし、西短ＭＰ学科さくら組は、あくまでも学生であってプロではないため、このように地域貢献のための活動をする際にも、ギャラは発生しません。しかも、必要なら動画制作まで学

「唐人町商店街夏祭り」

いつもより狭いステージでどう踊る？　ステージを降りてお客さまの目の前で歌おう！

こんな距離の近いアイドルパフォーマンスも楽しい！

科でできるので、制作費もかからない。ここが、プロのみなさんとは決定的に違うところです。

とはいえ、利益を追求しないからといっていい加減なパフォーマンスは決してできません。学科のイベントは入場無料ですが、外部のライブなどは入場料がかかります。

「私たちはギャラをもらわないけれど、お客さまはお金を払って観に来てくれている。その価値のあるパフォーマンスを意識してステージに立たないといけない」

ある学生の言葉です。私が日ごろから伝えているエンタメ精神は、ちゃんと彼女たちに伝わっている、そう感じました。学生たちはどんなステージやイベントにも全力で真剣に臨みます。ただ純粋に、笑顔と元気をみなさんに届けるために。

だからこそ、私たち教員も、受ける仕事には慎重になります。「タダだから使ってやろう」と思われても困りますし、教育機関としては信頼関係を結べるご依頼先のために活動したい。それこそが福岡のためになることだと思います。

そういう意味では、公的機関からのご依頼が増えてきたのは嬉しいことです。ギャラをいただかずに公的機関の仕事をするということは、みなさんの税金を減らすことがないということにもつながり、更なる地域貢献になるとも考えられます。積極的に起用していただくことで、公共の役に立てる。そして私たちにとっては、エンタメを学外に向けて発信する良い機会をいただける。どちらにとってもメリットがあるので、これからもパフォーマンス力を高めて、少しでも地域貢献の一端を担えればと思います。

明日、何が起こるか分からない。
だからいつでも「Show must go on!」

今、時代が大きく変わっていると言われていますよね。確かに、私が若い頃とは全く違う社会になっていると思います。

ＩＴの発達などテクノロジーによる日常生活の激変、大量生産・大量消費を見直して個を大切にするマインドの広がりなど、時の流れによる「時代は変わった」という意識がまず１つ。

自然災害が増え、戦争など国際不安が高まり、新型コロナという病気の脅威にもさらされ、不景気という深い沼から抜け出せないことに苦しむ。このようなネガティブな環境に置かれていることも、変化をより大きくしているのではないでしょうか。昔がバラ色だったとは言いませんが、今はなかなか大変な時代です。

エンタメの存在感は、時代によって変化するもの。安定した豊かな時代に文化が円熟し、エンタメが華やかに花開きます。一方で、大変な時代の中ではどうでしょう。確かにエンタメ発信に困難が伴うこともあるでしょう。

でも、苦しいからこそ人々はエンタメを求める。例えば東日本大震災のときに、芸能人が被災地を訪れて支援品を配布したり、避難場所の簡易ステージで歌ったりするようなことがありました。もちろん、華美な衣装や凝った舞台装置などはありません。それでも、震災で傷つき疲れた人々の心には、明るい光となったはずです。ニュース映像などでステージを見つめる老若男女の被災者のみなさんの笑顔を見て、エンタメがどんなに力になるのかということを実感しました。

今、Ｚ世代の８割以上に「推し」がいると言われています。もしかすると、苦しい時代だからこそ「推し」に癒やされたいのかもしれません。「推し」のジャンルは幅広く、アイドル以外にもアニメやミュージカル、スポーツ、キャラクターなどさまざま。その中で、西短ＭＰ学科さくら組も何か役割を果たせたらいいと、日々思っています。

私は「Show must go on」という言葉を大切にしています。これは、もともとは演劇界の用語で「何が起ころうとも、幕が上がった舞台は最後まで続けなくてはならない」という意味があります。そこから転じて、「どんな逆境にあっても、始まったものは最後までやりとげなければならない」という意味の慣用句になった言葉です。

学生にも、ステージの本番前などに、「ステージにはアクシデントやトラブルはつきもの。そういう時にShow must go onの精神で、協力し合って工夫して乗り越えよう」と伝えています。

あるライブで、曲の初めの音楽が出ず、途中から始まるというトラブルがありました。1曲目の出だしという、後に影響が出やすいタイミング。

後から聞くと、「たった数秒が何時間にも感じました」というほどドキドキしたそう。にもかかわらず全員、全く動揺を見せずに、途中から出た曲にうまく合わせてパフォーマンスを始め、その後へも影響を見せませんでした。

ライブが終わったとき、私への第一声は「先生！　Show must go onでしたね！」

いつの時代も、世界中のエンターテインメント業界で大切にされてきたこの精神は変わらないはずです。どんなに時代が変化しようと、ショーは続きます。決して歩みを止めてはいけないのです。

たとえ今はネガティブ要素の多い社会であっても、エンタメが続いていくことで社会にパワーを与え、そのうちに時代もまた変化する。メディア・プロモーション学科を巣立っていく若者たちが、どんな時代にも笑顔と元気をふりまきながら活躍してくれることを楽しみに、これからも学生たちの教育やプロデュースに励んでいきます。

私たちメディア・プロモーション学科の活動も、Show must go on!

「福岡のアイドル？　ああ、白石がおるよね」と言われる存在になりたい！

アイドルグループ博多ORIHIMEリーダー　**白石ありさ**

×

西日本短期大学メディア・プロモーション学科長　**今木清志**

福岡ご当地アイドル対談

@西日本短期大学オープンキャンパス

【白石ありさ　プロフィール】

1994年生まれ、福岡県大野城市出身。17歳のときにHR 6期生としてアイドル活動を始める。ふくおか官兵衛Girlsを経て、現在3つめのグループ博多ORIHIMEでリーダーを務める。九州・沖縄道の駅公式アンバサダー。福岡の魅力を伝える観光TikTokerとして、2万6千人以上のフォロワー（2022年10月現在）を持つ。

今木：白石さんとは、昨年3月のメディア・プロモーション学科9期生の卒業公演を観に来ていただいたときからご縁ができました。

白石：学生のみなさんの若さや、「今から芸能界に向けて頑張ろう！」というパワーが伝わってきて、観に来て良かったと実感しました。そして、翌月にはメディア・プロモーション学科での特別講義の講師をやらせていただいて。まさか自分が大学の教壇に立つなんて、ドッキリかと思いました（笑）。アイドルとしてだけでなく一人の女の子としても話をさせていただいたのですが、講義後には学生さんたちが声をかけに集まってくれましたし、中には涙する人もいて、本当にいい機会をいただけたと思っています。

今木：今年の5月には、3年ぶりに開催された博多どんたくに出演されましたよね。私は勉強のためにぜひ拝見しようと、頑張って最前列を確保して博多ＯＲＩＨＩＭＥさんを観ました。恥ずかしかったので（笑）、帽子とサングラスをしていましたが。

白石：それでも今木先生が最前列にいらっしゃること、すぐに分かりましたよ！　めちゃめちゃ嬉しかったです。

先日はこちらの配信ライブにお邪魔しましたが、そのときに学生さんたちがサプライズで今木先生の還暦のお祝いをされていて、素敵な瞬間にご一緒させていただきました！　先生と学生さんたちとの仲の良さが、よく分かりました。

今木：あれはビックリして、ちょっとうるっときました。

ともかく、そういういろいろなご縁がつながって、今日は白石さんにオープンキャンパスの公開講座として、トークショーに来ていただいています。

白石：呼んでいただき、ありがとうございます！　せっかくですから、自己紹介をさせていただきます。

　私は福岡のご当地アイドル「博多ＯＲＩＨＩＭＥ」という４人組グループで活動しています。それから、九州・沖縄道の駅公式アンバサダーを務めています。道の駅に行かれる方は多いと思いますが、九州・沖縄エリアの道の駅には私のポスターが貼ってありますので、良かったら見つけてください。

　そして、自称「観光ＴｉｋＴｏｋｅｒ」として、観光案内をメインとしたＴｉｋＴｏｋでの発信をしています。ＳＮＳの中で一番力を入れているのがＴｉｋＴｏｋで、ご当地が好きなので、それを自分のアイドル活動とどうやってつなげていこうかと考えたときに、「やっぱり観光やグルメだ！」と思ったんです。自分なりにどう特徴を出していくかを工夫して、「毎日投稿」「毎日生配信」「全コメントへの返信」を実践しています。もちろんイヤなコメントも来るんですが、それに対しても全部ポジティブにお答えするようにしています。

始めたのは今年の3月と遅く、流行りに乗り切れていなかったのですが、気づいたらフォロワーさんが2万人以上もついてくださっていました。「きちんとやらなきゃ」と気を引き締めているところです。

今年、アイドルになって10年目の27歳。アイドルとしてはちょっと年上?と思われ

「大学の先生と公開授業できるなんて！」普段のアイドル活動とは違う体験を喜んでくれる白石さん

るかもしれませんが、気持ちはピチピチです！

具体的にいつもはどんなお仕事をしているかというと、まずはＹｏｕＴｕｂｅの企画制作。それからイベントの企画や、博多ＯＲＩＨＩＭＥの楽曲の振り付け。衣装のデザインもすべて、私がやっています。中学校のときの成績で「美術は２」の絵心ですが、衣装さんと話し合いながらひとつひとつ手書きでデザインするんです。クリーニングに出せる生地なのか、着やせして見えるか、とか、意識するポイントはいろいろあります。こだわりは、博多織を使うこと。博多ＯＲＩＨＩＭＥのコンセプトは「博多織を取り入れた衣装で伝統の『和』を可愛らしく表現する」なんです。

博多ＯＲＩＨＩＭＥのグループとしては、福岡を中心とした音楽フェスなどのイベントや地域のお祭りに出演させていただいています。それとは別に、メンバーそれぞれ、福岡の中でも出身地がバラバラなので、自分の地元の魅力をＳＮＳで発信しています。

今木：ご当地アイドルはステージに立つだけでなく、幅広く仕事をしているんですね。そんな白石さんから見て、福岡のご当地アイドルの現状っていかがですか？

白石：ご当地アイドルの一番の活動の場って、お祭りでしょうか。福岡は本当にお祭りが多いので、博多どんたくのような大きなお祭り以外にも地域によってたくさんのお祭りがあります。他の県では、野外ステージにアイドルが出るということが、めずらしいらしいんです。でも福岡では、お祭りの野外ステージにアイドルが立つ機会はたくさんあります。

今木：福岡をよく知らなかった人間からすると、お祭りの多さを実感しますね。だから、福岡はご当地アイドルが活動しやすい場所なのかもしれませんね。

白石：そうですね。福岡は地元愛がとても強い方が多いので応援してもらえるし、そういう部分も含めて、ご当地アイドルは活動しやすいと思います。

今木：なるほど。しかし、そもそも「ご当地アイドル」と「アイドル」って、どこが違うんでしょうか。

白石：難しいですね。普通に考えれば、他のアイドルよりは地域密着型で地元のイベントにたくさん出ているのが、ご当地アイドルではないでしょうか。

一般的にアイドルは「地上アイドル」「地下アイドル」と区別されるんですが、私としてはこういうくくりの他に「制服系」「ロック系」「萌え系」「病み系」などのコンセプトの違いがあると思っています。「ご当地系」というコンセプトで、その中に入ればいいですね。

今木：じゃあ、メディア・プロモーション学科のアイドルは「短大系」ですかね（笑）。短大の学生がやっているというところが、一番の特徴ですから。

では、アイドル活動を通して福岡に還元したいことはありますか？

白石：「ご当地アイドル」と言いながら、何も福岡に還元しないのは失礼だと思っています。だからたくさん還元したいのですが、まずは地域のイベントを盛り上げたいです。つまり、例えば博多どんたくのようなお祭りに出演するときに、ただ歌って踊って自分たちが「楽しかった！」と帰るのではなく、客席の一番前から一番後ろのお客さままで全員に「楽しかった！」と言ってもらえるようなステージにしたい。

福岡のお祭りのように野外のイベントをやる場合は、客席はアイドルに興味のない方のほうが割合が多いんです。そういう方たちに、「何だろう？　盛り上がっている人もいるけれど、自分たちは置いていかれているみたい。誰だろう？」と思われないようにしなくちゃいけないですよね。例えば衣装に博多織を取り入れていると説明すると、年配のお客さまにも分かっていただけますし、楽曲に博多手一本（博多に古くから伝わる独自の一本締め）や博多弁を取り入れると、親しみを持って一緒に手拍子していただけます。そうやってステージ自体を誰にでも楽しめるようにすることが、福岡のために意識すべきことなのかなと思います。

今木：それは、私が博多どんたくの客席で博多ＯＲＩＨＩＭＥさんを拝見したときに、まさに感じたことです。その意識がちゃんと伝わってきて、アイドルファンだけでなく幅広い観客を巻きこむステージでしたよ。福岡を愛する気持ちを観客も持っているので、そこにすごく訴えかけるパフォーマンスやＭＣでした。私はもともとは福岡人ではないけれど、今ではすっかり福岡人の気持ちになっていますから、福岡愛にあふれたパフォーマンスのひとつひとつが嬉しかったですね。素晴らしかったです。

白石：ありがとうございます！

今木：ご当地アイドルグループとしてのご活躍に、これからも期待したいと思います。一方で、白石ありささん個人としては、どういうところを目指していますか？

白石：「福岡のアイドルと言ったら白石ありさ！」と、1番に名前が挙がるようになりたいですね。グループ名が挙がることはあると思うんです。例えば、ＨＫＴ48さんとかＬｉｎＱさんとか。でも、そうではなく「福岡のアイドル？　ああ、白石がおるよね」と言われる存在になりたいです。

　そうなるためには、お祭りをはじめとした福岡のイベントというイベントにずっと出演し続けないといけないと思います。県外の人にも、「福岡のイベントに行けば、白石がおる」と思ってもらえるぐらい。

　あとは、ＳＮＳも頑張る必要があります。みなさんが福岡のアイドルを調べようとしたときに、私のアカウントが出てくるようになりたい。だからＴｉｋＴｏｋのアカウントを「@aritan_fukuoka」にしているし、ＹｏｕＴｕｂｅチャンネルも「白石ありさ／福岡のアイドルちゃんねる」にしています。

「白石ありさ@博多ＯＲＩＨＩＭＥ」のアカウント名でやっているＴｗｉｔｔｅｒでは、毎日おはようのあいさつを動画で上げています。「おはよう！」とつぶやくアイドルはたくさんいるんですけど、それだとみんな同じだな、と思って。みんなカワイイからいいのかもしれないけど、どうせ「おはよう」とつぶやくのなら笑って欲しい。福岡の身近なアイドルで、笑顔の動画をツイートしている人はいないなと思ったので、じゃあ私がやろう！と。かわいい部分だけでなく、日常でクスッと笑えるような動画を普段から意識して撮っています。ＴｉｋＴｏｋの「毎日投稿」「毎日生配信」「全コメントへの返信」もそうなんですが、グループに埋もれずに個人として名前を覚えてもらうためには、人と違うことをするのが大事だと思っています。

　もう27歳ですけれど、まだまだ！　30歳を過ぎても「いつまでもおるね」と言われるしぶといアイドルでいたいです！

今木：すごく考えて活動しているわけですよね。そんな白石さんを応援してくれる人やファンのみなさんに対しては、福岡人気質を感じますか？

白石：感じます！　やっぱりお祭り好き。他のイベントよりも、お祭りに出演させていただくときのほうがお客さまの数が多いです。ファンの方はもちろん、「博多ＯＲＩＨＩＭＥが出るから行くよ」と来てくださっているわけですが、そのお祭り自体を楽しむ気持ちを持っている人が多いです。福岡から北海道に転勤してしまったファンの方が、「この夏祭りが好きやけん！」とおっしゃって、先日の小郡の七夕祭りにわざわざ飛行機でいらしてくれました。他にも、好きなお祭りのために遠くから来てくださる方たちがいます。

あとは、福岡人気質を好きな県外の方が、ファンになってくださるケースも多いです。2カ月に1回は東京でライブをやるんですが、私がＴｉｋＴｏｋで着ている「ＦＵＫＵＯＫＡ」の文字が胸に入ったＴシャツを、東京のファンの方が着て待っていてくださるんですよ。「全然福岡じゃないやん！」と言うと、「このＴシャツ、福岡っぽくていいよね！」と「福岡っぽさ」を気に入ってくださっているようです。それに、博多手一本や博多弁の入った楽曲を東京でやって欲しいと言われることもあります。県外で福岡が好きというファンの方が、増えているような気がしますね。

今木：県外にもファンを広げていくことは大事ですよね。私もエンターテインメントの発信が自分の使命だと思っています。東京のテレビ局でプロデューサーをやっていたときには、東京から全国に向けて発信するのが普通だという感覚でしたが、今は福岡にいて、ここから全国に発信していきたいです。

地方からの発信には、ＳＮＳが欠かせないと思いますが、白石さんはＳＮＳを頑張っていますよね。

白石：はい。ＳＮＳの良さは、自分の日常や思っていることを、写真とコメント付きですぐに発信できることです。ファンの方たちといつも会えるわけではないし、みなさんが普段は何をしているのか、何を考えているのか分かりません。だから、こちらからＳＮＳで発信することが大切になってきます。すごく便利なツールですよね。私がアイドルを始めた10年前は、まだＴｉｋＴｏｋも流行っていませんでしたし、これほどＳＮＳが身近ではありませんでした。だから、アイドル活動をしたければ、まずは事務所に書類を送ってオーディション。審査が何回もあって、活動をスタートさせるまでに時間がかかりました。

今は、ＴｉｋＴｏｋやＳＨＯＷＲＯＯＭで「アイドルになりたいです♡」って自由に発信できますから。苦労して事務所に入ってイベントで見つけてもらうよりも、ＳＮＳで見つけてもらえる可能性のほうがずっと高いです。だから、もしアイドルになりたかったらすぐにＳＮＳを使ったほうがいいです。ＳＮＳなら、福岡でも東京でも関係ありませんし。

それに、自分の好きなことを継続してやっていたら、お仕事につながります。私は観光ＴｉｋＴｏｋをやっていますが、コツコツと続けていたら、お仕事として新しいお店のオープン情報など、ご依頼を受けて紹介できることが増えました。福岡で発信することを、どこからでもキャッチしてもらえる。だから、やりたいことがあるならＳＮＳに本気で取り組むべきだと思います。

もちろん、個人情報の流出などにはとても気をつけています。部屋の窓のほうを向いて自撮りをしたら、カラコンに家の前の建物が写りこんでしまうかもしれない。友だちがフォローしてくれたら、出身中学がバレて家を特定されるかもしれない。

以前、博多ＯＲＩＨＩＭＥのメンバーが家の中で写真を撮ったら、壁に貼ってあったおばあちゃんの電話番号が写ってしまったことがありました。親切なファンの方が教えてくださって、すぐに削除したので何事もなく済んだのですが。そういうことに気をつけながら、私はこれからもどんどんＳＮＳを活用していきます。「福岡のアイドルといえば、白石ありさだね」と言われる日まで！

今木：学生アイドルをプロデュースする立場として、お話がとても参考になりました。これからもご縁は続くと思いますので、よろしくお願いします！

白石：こちらこそ、末永くよろしくお願いします！

（２０２２・９・４）

地方最強！エンタメ都市・福岡につづけ

第2章

こんなに多い！　福岡出身芸能人

福岡県出身の芸能人が多い。そういうイメージがありますよね。私自身も、確かにそういうイメージを持っています。しかし、実際にはおそらく、東京都や大阪府などの東西を代表する大都市圏出身者のほうが、数は多いはずです。それでも、なぜか福岡出身者が芸能界でたくさん活躍しているように感じられます。

私が青春時代を送っていた頃、同い年の歌手・松田聖子さんがデビューしました。卓越した歌声と可愛らしさに魅せられて、彼女がアイドルとして輝いていた時代に、私はずっと聖子さんの歌声を追っていました。松田聖子さんは、みなさんご存じのように福岡出身です。聖子さんの存在をきっかけに、「チェッカーズも福岡だ」「タモリさんも福岡！」と、次々に福岡出身の芸能人の存在に気づいていったと思います。

テレビ局に就職し、芸能人の方々を近くに感じることで、見えてきたのは、福岡出身の芸能人には芯のある本物が多い、ということです。

例えば、一番分かりやすいのがタモリさんではないでしょうか。売れ始めた当時は「異能の人」という雰囲気で、さわやかな万能タイプの人ではありませんでした。私は彼に、「東京には簡単になびかない、迎合はしない！」と自分自身を貫き通す反骨精神を感じるのです。その精神は、「自分の芸は本物だ」という自信に裏打ちされているようにも思えます。タモリさんは周囲を納得させる本物の話術で長年にわたるお昼の国民的番組の司会を務め上げ、まさに国民的なタレントさんになりました。しかし、今でもその「簡単に迎合しない」という芯の強さは決して失われていません。

福岡出身の芸能人を思い浮かべるときに、真っ先に出てくる方です。

芯のある本物は他にもいます。個人的に印象に残っているのは、ドラマ制作でご一緒した俳優の松重豊さん。松重さんは、今は誰もが知る名優ですが、当時はまだ脇で光る役者さんでした。しかし地味でも個性があり、しっかりと演技を磨いている印象だったので、「この人はこれからもっと売れてくる！」と確信したものです。

他に、音楽界で長く活躍している井上陽水さんも、ミュージカル界のプリンスである井上芳雄さんも福岡出身で、誰もが認める本物の芸を持っています。井上芳雄さんはたびたび博多座での公演に出演し、終演後にトークショーを開くなど、今もとても地元を大切にされているようです。

この、地元を大切にする意識というのも、福岡出身の芸能人の方々に共通しているように思えます。全国区の芸人さんとして人気のある博多華丸・大吉さんは、はじめは福岡のローカルで活躍する芸人さんでした。だんだん東京での仕事が増え始めた頃にある番組でお世話になったのですが、東京で仕事をしていても福岡らしさをまとっている。そんな印象を受けました。芸名に「博多」が入っているからでもありますが、どんなに東京で活躍しても、今も華丸・大吉さんといえば「福岡の博多！」と誰もが連想しますよね。

おそらく、福岡出身の芸能人の方々は、パッと出てパッと消える人は少ない。存在感や実力のある本物で、更に地元への愛を表現する人が多い。実際の人数も多いほうなのかもしれませんが、こうした理由があるから、福岡出身の芸能人が多いと感じるのだと思います。芸能界で活躍する福岡出身者の顔ぶれを見てみれば、きっとみなさんも納得されるのではないでしょうか。

主な福岡出身の芸能人

俳優

イッセー尾形　池松壮亮　伊原剛志　草刈正雄　早乙女太一　鈴木浩介
瀬戸康史　高倉健　高杉真宙　田口浩正　でんでん　妻夫木聡　野間口徹
細川俊之　松尾スズキ（劇団「大人計画」主宰）　松重豊　光石研
米倉斉加年　リリー・フランキー

女優

蒼井優　池田エライザ　板谷由夏　今田美桜　吉瀬美智子　黒木瞳
酒井法子　田中麗奈　床嶋佳子　富田靖子　奈緒
橋本環奈　濱田めぐみ　牧瀬里穂　山口紗弥加　山本美月　吉田羊

芸人

秋山竜次・馬場裕之（ロバート）　芋洗坂係長　カンニング竹山
黒瀬純（パンクブーブー）　桑原和男（吉本新喜劇）
小峠英二（バイきんぐ）　なかやまきんに君　博多華丸・大吉
バカリズム　原口あきまさ　ひぐち君（髭男爵）　山本高広

歌手・ミュージシャン

梓みちよ　生田衣梨奈（モーニング娘。）　家入レオ　井上陽水
大川栄策　KAN　郷ひろみ　小柳ルミ子　椎名林檎　高橋真梨子
手嶌葵　中尾ミエ　浜崎あゆみ　氷川きよし　広瀬香美　松田聖子
村田英雄　森口博子　YUI　山本リンダ　甲斐バンド　175R
草野マサムネ（スピッツ）　チェッカーズ　CHAGE and ASKA
チューリップ　海援隊（ボーカル武田鉄矢）　ザ・ロッカーズ（ボーカル陣内孝則）　THE MODS　シーナ＆ロケッツ（ボーカル・ギタリスト鮎川誠）　サンハウス（鮎川誠が在籍）

タレント

タモリ　篠田麻里子（元 AKB48）つるの剛士　IKKO

はるか昔からの海外文化の玄関口

では、たくさんの芸能人を輩出する福岡という場所は、いったいどんなところなのでしょうか。

外からやって来た者の目で、まず思ったのが、福岡には、はるか昔から外国と交流してきた歴史の積み重ねがあるということ。成熟した文化に触れてきたことで、芸事に熱中したり新しいものをおもしろがったりする気質があるのではないかということでした。福岡で活躍する音楽プロデューサーの深町健二郎さんとお話をさせていただいたときに、深町さんも同様のことをおっしゃっていました。

今の日本人は、日本の中心は東京だと思っています。当然、海外の文化をいち早くキャッチするのも東京。しかし、東京が日本の中心となったのは歴史的に見れば江戸時代以降のことです。

江戸時代より前はどうだったのかといえば、長い長い年月、博多港が海外文化の玄関口として栄えてきました。学校の歴史の教科書に、『漢委奴国王』という文字が刻まれた金印が載っていたのを覚えていませんか？　博多が「奴《な》の国」と呼ばれていた1世紀半ば、中国王朝、後漢の光武帝から与えられたものです。

つまり、2000年前にはすでに、「奴の国」博多は、高度に文化の発達していた大国の後漢と関わりがあったわけです。

やがて中国大陸や朝鮮半島からの使節団の迎賓館や、また日本の外交使節である遣唐使や遣新羅使の宿泊所も博多に設置されました。シルクロードを経て、遠く中央アジアやヨーロッパの文化にも触れられたことでしょう。

博多港は鎖国を終えた明治時代に、再び世界へ向けて海の窓口となり、今なお日本の重要な貿易港であり続けています。

2000年以上、新しいものや知らないものを受け入れ、尊重しながら福岡独自の文化を育んできた。だからこそ、しっかりと芯のある本物の芸能人を輩出できる！　実際に福岡の空気に触れてみて、私はそう実感しています。

日本三大美人県！　福岡は美男美女が多い？

芸能人というと、どういう人たちだと思いますか？　ビジュアルよりも強烈な個性で魅せる人や、むしろ容姿で笑いを取る芸人さんもいらっしゃいますが、俳優やアイドルなどは美男美女であることが、ある程度は前提になっているような部分もあります。

では、有名芸能人を多数輩出している福岡県は、美男美女が多いのでしょうか？

福岡は、京都や秋田と共に『日本三大美人県』のひとつに数えられています。確かに街を歩いていても、小ぎれいにして生き生きと歩く女性たちが多いですし、短大の教え子たちも、オーディションで集めたアイドルたちでもないのに、みんな自分磨きに余念がなくきれいにしています。男性も見栄えが良くカッコいい人が多いように思います。

どんな人を美しいと感じるのかは、もちろん人それぞれ。それでも私が「福岡は美人が多い」とここでお伝えするのは、それが容姿の評価にとどまらず、「人前に出るときはきれいにしよう」「自分の気分を上げるためにおしゃれしよう」という、ポジティブなエネルギーを受け取っているからです。決して表面的なビジュアルの良しあしだけを言っているのではありません。

では、なぜ福岡には美人が多いのか。それは、やはり２０００年以上も海外文化の玄関口であった地理的要因が関わっていると思います。海外の人をもてなしたり、海外文化の刺激を受けて祭りなどの文化を発展させていったりする過程で、「人から見られる意識」も育っているように感じます。相手に失礼のないように、美しく装う。文化の担い手として、人前に立つときには身ぎれいにする。そんな意識が、福岡の人たちの姿やたたずまいを美しくしているのではないでしょうか。

お祭り好きな「のぼせもん」気質

一方でその内面には、情熱的なものを感じます。博多弁で言うところの「のぼせもん」です。

「のぼせもん」とは、すぐに熱くなる、夢中になる、といった意味があります。福岡に

「博多祇園山笠」
勇壮な活気と勢いのある「山笠」。
全速力で走る男たち！

はのぼせもん気質の人が多いというのは、本人たちも自覚しているところ。そして、その気質が存分に発揮されるのが、祭りのときです。

①「博多祇園山笠」通称、山笠

福岡には、有名な2つの祭りがあります。まずは、博多祇園山笠。通称、山笠です。

山笠は毎年7月1日から15日にかけて行われる祭りで、その起源は諸説あるものの、1241年に博多に疫病が流行した際に、承天寺の開祖・聖一国師が祈祷水をまいて町を清め、疫病退散を祈願したことが始まりとされています。以来、700年以上続いている櫛田神社の奉納神事なのです。いくつかの自治体でまとまる「流《ながれ》」という組織が7つ形成され、流ごとに山笠を製作します。山笠は、神社に奉納する大切なもの。飾りとなる人形などは博多人形師によって作られ、それらを一同協力しながら山笠へと仕立て上げていきます。

お祭り中の15日間で、奉納のために作られる高い観賞用の飾り山笠が設置されたり、舁《か》き山笠と呼ばれる高さ3メートル・重さ1トンほどの山笠を、男たちが舁いて（担いで）町を走り回ったりします。最終日になると、7つの舁き山笠が順番に博多の町約5・5キロメートルを疾走するクライマックス。福岡を代表する祭りで、観光客もたくさん観に来る博多名物です。

福岡の短大に着任してからすぐに新型コロナが流行したために、これまでは実際の祭りを目にすることができませんでした。

「筥崎宮放生会」
昔ながらの見せ物小屋や、お化け屋敷もある。人々に人気の大規模な祭り

そして3年ぶりに、やっと開催されたお祭りを体験して感じたことは、熱気のすごさでした。

15日間、それぞれの流の人たちは、仕事も休む勢いで山笠に打ちこみます。山笠の製作から考えれば、もっと長い期間、祭りのために日常を忘れるような日々を送るのです。しかし、頑張ったからといって、見返りや名誉を受けるわけではありません。ただ情熱だけで、毎日暑い中、1トンもの重い舁き山笠を担いで走るのです。まさに「のぼせもん」でなければ、毎年これほどまでに祭りを盛り上げることはできないでしょう。

そして、女性たちも、神事終了後の直会《なおらい》（神酒をいただき食事をとることで神霊との結

「博多どんたく」パレード

びつきを強くする）で出す料理を用意するなど、しっかりと祭りを支えています。何より印象的だったのは、子どもたちもたくさん参加していたこと。親に抱っこされた小さな子から、思春期で地域の行事よりもプライベートを優先しそうな十代まで参加していて、きちんと祭りの伝統は継承されていました。おそらく、のぼせもん気質も受け継がれていくのでしょう。

②「博多どんたく港まつり」通称、どんたく

もうひとつ、忘れてはならない祭りが毎年5月3、4日に開催される「博多市民の祭り　博多どんたく港まつり」、いわゆる博多どんたくです。

博多どんたくは伝統的な民俗行事である

「博多どんたくのパレードに参加」
しゃもじを持ち、カンカンとならしながら街を練り歩く。いつものアイドル衣装と違う和のテイストが新鮮な「西短MP学科」

博多松囃子《まつばやし》を起源としており、平安末期に始まったとされています。明治時代の一時期中止になった祭りが再開する際に、オランダ語のZondag（ゾンターク、休日の意）がその語源となって「どんたく」と呼ばれるようになったようです。昭和の時代１９６２年にパレードや演舞台でのパフォーマンスを披露する市民参加型の祭りとなりました。２００万人以上の人出でにぎわう、日本有数の祭りです。

山笠と同様に、新型コロナウイルスの流行による中止を経て3年ぶりに復活しました。わがメディア・プロモーション学科もチャンスを逃さず、パレードに参加しました。

博多どんたくは、神事という意味合いはあまりなく、より芸能に比重を置いて「みんなで楽しもう！」というものです。パレードやパフォーマンスに参加して、気分が高揚する市民たち。やはりこれも、福岡県人の「のぼせもんの顔」がよく分かる祭りでした。

③「筥崎宮放生会《はこざきぐうほうじょうや》」

実はこの2つの祭りと並んで「博多三大祭り」のひとつが、筥崎宮放生会（毎年9月開催）という祭りです。放生会とは山の幸や海の幸に感謝して豊穣を祈る祭りのことで、全国各地で行われているのですが、博多の筥崎八幡宮で行われる祭りは１０００年以上の歴史を持ち、規模も大きなものとして有名です。

福岡には他にもいろいろな祭りがあり、いつもどこかでのぼせもんが祭りに熱を入れているイメージがあります。何かに夢中になれる。一生懸命に好きなことに打ちこむ。そういうのぼせもん気質が芸能界に向いているのでしょう。

また、音楽フェスが多いのも福岡の特徴です。音楽のフェスティバル（＝祭り）ですよね。音楽フェスこそ祭りとエンタメの両方を楽しめるもので、福岡らしさが表れているイベントだと思っています。

福岡エンターテインメントの始祖・川上音二郎

みなさんは、川上音二郎を知っていますか？　日本で最初の世界的エンターテイナーとして活躍した博多人です。

１８６４年に博多の藍問屋に生まれた音二郎は、14歳のときに博多港から船にもぐりこんだものの大阪で見つかり、つまみ出されてから歩いて東京まで行ったという破天荒な人物です。自由民権運動が盛んな時代に過激な活動をして投獄されることもありましたが、後に芝居を始めます。その頃の落語の高座で、世間の出来事をおもしろおかしく語ってから特に意味のない合いの手のような言葉「オッペケペー」で締める話芸があり、音二郎は自由民権運動にからませてこの「オッペケペー節」をやって評判を集めるようになっていきました。

売れっ子の芸者だった貞奴と結婚してから、夫婦で欧米巡業をこなすようになります。驚いたことに、日本が欧米にとってまだ発展途上国でしかなかった明治という時代に、海を渡って勝負したのです。

心臓の強い音二郎は、アメリカで観たシェイクスピア劇「ベニスの商人」を日本版に仕上げ上演しました。「観客はどうせ日本語が分からないのだから」と、意味のない適当な言葉をせりふのようにした、という逸話も聞きます。

やがて欧米で流行した日本趣味「ジャポニズム」が追い風となり、川上音二郎一座の興行は各地で成功し、世界的エンターテイナーになりました。フランスからアカデミー勲章を、ロシアの皇帝ニコライ2世からは、ダイヤモンド入りの金時計をもらったこともあります。１９００年のパリ万博で、日本人として初めてレコーディングをしたのも音二郎です。

三谷幸喜さんの作・演出で音二郎一座のアメリカ巡業を描いた、『恐れを知らぬ川上音二郎一座』という舞台が上演されたことがありますが、まさに恐れを知らぬ行動力！　この行動力にも、のぼせもん気質の博多の血が感じられませんか？

当時はまだ、演劇において女性の役を男性が「女形」として演じるのが当たり前でしたが、アメリカ公演では注目を集めていた「芸者ガール」で貞奴をショーに出しました。これが大当たり。帰国してからも、貞奴は「日本の女優第一号」として活躍しました。このあたりのプロデュース力にも、非凡なものを感じます。

音二郎は博多っ子の典型のような人で、無鉄砲ではありますが、いろいろな人に愛されていたのでしょう。興行で博多に帰ってくるのをとても楽しみにしていたようで、グリム童話やアンデルセン童話の児童劇を、無料で子どもたちに観せていたそうです。

博多には昔から芝居小屋がたくさんあり、いい役者が来ていました。そんな環境も、日本で最初の世界的エンターテイナーの音二郎を生み出す土壌になったのだと思います。

福岡アイドルの元祖・松田聖子

福岡出身の芸能人の中で、最も心を奪われたのが、松田聖子さんでした。すでに還暦を迎えながらも「永遠のアイドル」と呼ばれ、今も歌声を届けてくれる本物のエンターテイナーです。もともと私はどちらかといえば、アイドルには興味を持たないタイプでした。それでも松田聖子さんの伸びやかで艶のある歌声に魅せられました。

お父さんにデビューを猛烈に反対されても、絶対に歌手への道をあきらめなかったというエピソードは有名で、彼女も福岡らしい芯の強いのぼせもんだったのかもしれません。愛らしい中に強さを持った女性であることが分かります。

長い年月、私の心の中には「別格のアイドル」として聖子さんがいます。もちろん、もうすでにアイドルの枠を超えたアーティストです。でも同時に、人を幸せにする、笑顔にするというアイドルらしさをいつまでも失わない人だとも感じます。大スターでも一般の人と同じように、プライベートではいろいろな苦しみもあったでしょうが、ステージでは輝きつづける。40年以上もそのようなアイドルでありつづける人は、なかなかいないと思います。

松田聖子さんのアイドル全盛期と今とでは、アイドルのあり方がかなり変わってきています。以前はテレビの中の世界の人。まさに芸能人！　というオーラでファンたちを魅了し、手の届かない存在でした。今はグループアイドルが主流となり、テレビに出るメジャーなアイドルは一握りです。全国的には知られていないグループがたくさんあるし、メジャーなグループでも直接ファンと触れ合う機会をもつケースも多くあります。だから、いろいろな人が自分の好みに合うグループを見つけることができるし、触れ合うことで親しみも持てる。絶対的なアイドルとして数人が君臨していた40年前とは、全く違う世界が展開しています。

それでも「人を幸せにする、笑顔にする」というアイドルの役割は不変です。私も、松田聖子さんの歌声や笑顔を思い出しながら、学生たちがアイドルの役割を果たせるように導いていきたいと思っています。松田聖子さんは、まだまだ学生アイドルたちの偉大なお手本となれる「永遠のアイドル」です。

第3章

テレビマン考察！祭りの聖地が育んだ美意識ともてなしのパワー

「人前に立つ」が育てた美意識

第1章でも触れたとおり、福岡といえば「祭り」であり、祭り好きの「のぼせもん」気質が芸能界に向いていると思っています。しかし、祭りとエンターテインメントとの関係性は、気質が向いているという以上のものがあるのではないでしょうか。私が強く感じるのは、「人前に立つ」ことと「役割分担」の2つの面で、両者の共通点があるということです。

まず、「人前に立つ」ということについて。

祭りは、たとえそれが小規模なものであっても、人が集まってこそ開催されるもの。多くの場合は人前に立つことにもなります。福岡には「人前に出るときにはきれいにしよう」という美意識があると思っていますが、祭りがそういう機会を増やし、日常にも影響すると考えることもできますよね。

私が日々接することが多い短大の学生や先生方の多くは美意識が高く、身なりやヘアメイクはもちろん、総合的な雰囲気がきれいです。私が教えるメディア・プロモーション学科の学生はエンタメ業界を目指しているので、小ぎれいにするのは当たり前かもしれませんが、他の学科を見てもそのように感じます。街中を見ていても、近所だからとジャージでコンビニに行くような人が少ない気がします。あくまでも個人的なイメージですが、そう感じさせることが、福岡のすごさなのかもしれません。

特徴的なのは、気負いがないこと。自分が目立ってやろうという派手さはなく、「人前ということをごく自然に受け入れてきれいにしている」と思えるのです。

福岡の人がみんな祭りに参加するわけではありません。それでも「祭りとそれほど関係がない」と思っている人にさえ、その影響は気質として残っているのだと思います。古来、祭りで人前に立ってきた。その経験が福岡人気質に刷りこまれ、今も福岡人の美意識を高めているのではないでしょうか。

神輿《みこし》に乗る人、担ぐ人。祭りの聖地・博多もんのプライド

次に、「役割分担」について。

いろいろな祭りがありますが、観光客も大勢集まる有名な祭りである博多祇園山笠を見たとき、その壮麗さと迫力に圧倒されました。そして、山笠をしっかりと支えるシステムが、「役割分担」なのです。

この祭りでは、神輿にあたる山笠を担いで疾走するところが最大の見せ場になっています。そのときに、山笠に乗る男たちと、担いで走る男たちがいて、当然ながら、山笠に乗っている男たちが目立ちます。その役割も、みんなで一丸となって山笠を走らせるために鼓舞し、指揮をとるもの。多くの視線を集めています。でも、カッコ良く見せようという自意識はなく、ひたすら祭りに集中しているように見えました。まるで、ステージに立つスターの輝きのようです。情熱を傾けて祭りに全精神を集中している姿は、神々しい。

一方で、山笠を担いで走る男たち。彼らは目立つ山笠の下で、集団で走るため、一人一人が目立つことはありません。それでも、その役割が重要なのは間違いありません。たっ

た一人欠けたとしても大きな痛手になります。自分たちが崩れたら、この神事を神様に奉納することができないという責任感とプライドを持って走っているのです。その真剣な姿が見物客の視線を集め、輝きを放つのです。この役割を果たすプライドこそが、「博多もんの矜持」ではないでしょうか。

見物してインパクトのあった山笠で例えましたが、山笠でなくても「神輿に乗る人、担ぐ人」の役割分担がされている祭りは、他にも無数にあることでしょう。エンタメでいえば、「表に出てパフォーマンスをする人、それを支える人」という関係によく似ています。

エンタメも、自分の役割を理解し、プライドを持ってそれぞれの役割を果たすことがとても大切です。目立つ1人、あるいは数人だけがエンタメを発信するわけではありません。

準備し、プロモーションし、現場で支える人たちがいます。アイドルグループでも、センター付近の数人だけでは成り立ちません。後方の目立たない位置にいても、その存在はグループに不可欠です。メディア・プロモーション学科の活動でも、「アイドルユニット」「演劇ユニット」「声優ユニット」「シンガーユニット」という表に出る役割と、「制作チーム」という支える役割は、完全に平等だといつも学生たちに伝えています。自分がどの役割になったとしても、役割の重さは同じ。この認識は、エンタメ業界を目指す者にとって

「配信ライブの現場」
撮影、照明、音響、制作、あらゆることで連携し合い、協力し合って自分たちでステージを進行させる

は、とても大切だと思います。

テレビ局で仕事をしていたときも全く同じでした。ドラマ作りの現場では、スタッフも俳優さんたちも、それぞれの役割を「演出部」「照明部」「撮影部」「録音部」「制作部」などと呼んでいて、そのひとつとして、「俳優部」がある。俳優さんを特別扱いせずに、チームの中のひとつの役割と捉えているわけですよね。

すばらしい精神だと思います。この精神と同質のものを、私は福岡の祭りからも感じているのです。

気が強い福岡女性、「女の敵はオンナ」？

では、この「役割分担」は女の世界である女性アイドルグループの中でも機能しているのでしょうか？

福岡の女性は気が強い。私は福岡に来る前から、そう聞いたことがありました。個人的な感覚ですが、確かに「気が強い女性が多いな」と感じる場面はあります。気が強い、しかもまだ若い女性たちが集まって、「目立つ役割」「支える役割」があるアイドルグループ。そこには、「自分こそがセンターに立つ！」「あの子のほうが私より人気があって悔しい！」そんなオンナの闘いがあるのではないか⁉　と思われるかもしれません。なにしろ、日本には昔から「女の敵はオンナ」というステレオタイプのイメージがありました。

　プロのアイドルたちは、実際に厳しい世界に身を置いていると思います。そこで、複雑な気持ちになるのは仕方のないこと。私が教えている学生アイドルの世界でさえ、もちろんライバル意識や負けたくないという気持ちが渦巻いています。そして、みんな気が強いだけに言い合っている姿を見かけることもあります。ところが、言い合いをしたから関係が悪くなるのかと思えばそうではない。グループ活動をするときには、笑顔で仲良くやっています。

　言い合いは決してけんかではなく、自分の意見をしっかり言えるということであって、お互いに敵視したりライバル意識をむき出しにしたりすることではないのですね。我慢せずに自分らしい主張をする。ちょっとしたぶつかり合いがあっても、それは自分たちがより良くなっていくためのステップ。「女の敵はオンナ」とは全くちがいます。

　芸能の世界を目指す若者たちは、「自分こそが！」という自意識もあると思いますが、

「練習中」
自分の役割に集中して頑張る。グループとして活動する以上、「ライバル」と「仲間」を両立しなくてはいけない

やはり芸能の世界の厳しさを理解できるのでしょう。アイドルユニットで、何が何でも自分がセンターに立ちたいなどというわがままを言うような学生はいません。たとえネガティブな感情が生まれたとしても、うまく健全なライバル意識に転換して欲しいと、私は常々「役割分担」と「チームワーク」の精神を学生たちに伝えています。それを理解してきちんと自分の役割を果たしてくれているのだと感じています。

　私が知っているのはあくまでも学生たちの様子であって、プロとして活動する福岡ご当地アイドルたちの実際の様子を詳しく知っているわけではありません。ただ、福岡女性の気の強さは、誰かを蹴落とそうとするような黒い感情ではなく、「思ったことはきちんと言う」という純粋さから来ていると感じます。価値観が大きく変わってきた社会の中で、これからは「気が強い女性たちの仲間意識ほど強固なものはない」が共通認識になっていくかもしれませんね。

「のぼせもん」集団で、1人の野望を全員の展望に

お祭り好きの血は、おそらく福岡アイドルたちにも「役割分担」を自然に受け入れさせている、と思います。つまり、お祭り精神はアイドル活動にも刷りこまれている！　そして、祭りが集団で行われることも、アイドルのグループ活動とつながる部分だと考えています。どちらも「仲間」という存在が必要不可欠ですよね。仲間を大切にしなければ、祭りは成功しません。アイドルグループにとっても、仲間意識が大切です。

今のアイドルは、グループ活動が基本。ソロのアイドルはあまりいないのが全体的な傾向です。とはいえ、祭りで仲間意識が根づいている福岡でアイドルグループがたくさん誕生し、活動していることは、やはり地域性が関係しているような気もします。今のアイドルの流行が、福岡という土地によくなじむとも言えますよね。

福岡のアイドルグループは祭りを意識した楽曲で勝負するケースがあります。例えば、福岡を中心に九州から全国で活躍する「ばってん少女隊」は、２０２２年10月に『九祭』

というアルバムをリリースしました。タイトルに「祭」が使われ、楽曲にも祭りをテーマにしたものが含まれています。やはり福岡を拠点に全国に向けて活動する「ＬｉｎＱ」にも『祭高音頭』をはじめとしたお祭り曲が何曲もあります。いろいろなグループの衣装を見ていても、祭りを連想させるような和のテイストを取り入れた衣装がよくあると感じています。

お祭り好きののぼせもん気質は、しっかりと福岡のご当地アイドルの特徴になっていると思えます。そして、個々ののぼせもんがみんなで一緒に盛り上がりながら、「地元から全国へ！」の野望をかなえようとしている。私には、そんなふうに見えるのです。

「もてなしの街・博多」のサービス精神で現状打破

お祭り好きの福岡の人たちは、もてなし好きでもあります。昔から海外との交流があった土地で、福岡人にとってもてなしの気持ちはごく自然に生まれてきたものだったのではないでしょうか。お祭りも、もともとは神事であるとしても、見物客が集まってくる限りはもてなしの気持ちで盛り上げるものです。

私が福岡に来た年の春は、コロナ禍で日常生活がままならない状況に陥っていた頃でした。これまで「人に集まってもらって、見てもらう」という活動を大切にしてきた芸能界は、大きな打撃を受けていました。そして、どうすれば活動ができるのか、日本中でいろいろな試行錯誤がくり返されていたと思います。そんな中で、福岡の芸能界が挑戦したことが、2つ印象に残っています。その2つの根底にあったのは、もてなしの気持ちだったように感じています。

まずひとつは、ＨＫＴ48が挑戦した「ＨＫＴ48、劇団はじめます。」です。ＨＫＴ48は、ローカルアイドルと言うのははばかられるほど全国的な認知度の高いグループですが、彼女たちが、「ＨＫＴ48、劇団はじめます。」というオンライン演劇プロジェクトで、Ｚｏｏｍによる公演を成功させたのです。グループとしては演劇の素人だったＨＫＴ48が、劇団のサポートを受けながらも企画、脚本、プレゼンといった準備段階から出演、演出、配信、広報まですべて担当し、完成度の高い演劇を創り上げました。コロナ禍でみんながオンラインで発信を始めましたが、単にアイドルがオンラインライブをするのではなく、新たに演劇に挑戦する。しかも、出演に限らずほぼすべての役割をアイドルが担う。

ハードルは高かったと思いますが、ファンを喜ばせたい、これまでとはちがう自分たちの姿も楽しんで欲しいというもてなしの精神でやりきったのではないでしょうか。コロナでままならない日常を打破して、少しでも笑顔を取り戻すための野心的なプロジェクトだったと思います。

もうひとつは、福岡ゆかりのミュージシャンやタレント約１００人が参加して、応援ソング「Ｂｅａｔ ｇｏｅｓ ｏｎ」のミュージックビデオが制作されたこと。もちろん、ＨＫＴ48やばってん少女隊、ＬｉｎＱといったアイドルも参加しています。

音楽の街・福岡からコロナに負けない情熱を発信しようと、次章で紹介する深町健二郎さん（福岡音楽都市協議会理事）が企画、同じく次章で紹介している松隈ケンタさんも、音楽プロデューサーとして参加しました。

深町さんと松隈さんの共作による歌詞は、コロナ禍を意識して「何度でも立ち上がるこのチカラ　そばにいるから 手と手つないで行こう」と、聴く人を勇気づけながら寄り添う内容になっていました。そして、苦しいときにも福岡のビートは鳴りやまないという意味で、「Ｂｅａｔ ｇｏｅｓ ｏｎ」というタイトルになっています。作曲は松隈さんが担当していて、タイトルを裏切らないビートをきかせた元気なメロディーが印象的です。「歌声はなり響く　レコードは回り続けてゆく　いつか君と過ごす世界へ　Ｂｅａｔ ｇｏｅｓ ｏｎ」という歌詞をストレートに表現するサウンドでした。

他にも、県ゆかりの芸能人たちで何かしらのプロジェクトを実現した県はあったかもしれません。でも、この力強い応援ソングは、確実にコロナ禍にある閉塞感を吹き飛ばしてくれるような、特に素晴らしいプロジェクトだったと思っています。

私自身、福岡に来てからまわりの人々の温かさに救われることが多い日々を送っています。慣れない土地にやって来た私を、もてなしの気持ちで見守り、助けてくれたみなさんに福岡人らしさを感じます。福岡の芸能界で、コロナ禍の中で行われた2つの大きな挑戦にも、大いに福岡人のもてなしの心が表れていました。

福岡アイドルは今日も癒やしと元気を届け続ける

では、この祭りの聖地が育んだアイドルたちの現状について、少し触れておきましょう。

福岡にはたくさんのアイドルグループがあり、アイドル激戦区であるということは、アイドル界に詳しい人たちの共通認識です。たくさんのご当地アイドルグループがある中から、いくつかご紹介していきます。

【ご当地アイドルにとどまらない全国区のグループ】

＊HKT48（AKB48グループ）

全国区の認知度と活躍があり、福岡を拠点としたアイドルグループの中では別格の存在。全国から志望者が集まって来る。研究生もいて層が厚い。

＊ばってん少女隊（スターダストプロモーション所属）

トップアイドルのももいろクローバーZと同じ大手事務所の福岡営業所に所属し、九州で活躍しながら全国区に活動の幅を広げている。人気も知名度も高い。

【福岡で長く親しまれているグループ】

＊LinQ

福岡ご当地アイドルの老舗で、卒業と新メンバー加入をくり返して10年以上も活動を続けている。ＩＱプロジェクトという発信・育成システムがあり、その中にいくつかのグループがあって、ＬｉｎＱはその代表格。ＩＱプロジェクト研究生に、メディア・プロモーション学科の学生がいたこともある。

＊Qun☆RiniU（きゅんきゅん　りにゅー）

２０２２年6月に、ＱｕｎＱｕｎから改名して再スタートした。メンバーの新陳代謝をくり返しながら10年以上活動している。

【個性的なグループ】

＊九州女子翼

歌、ダンス、楽曲のクオリティが高い。アイドルというよりアーティストのようなテイスト。

＊くるーず～CRUiSE！

ライブを客船の航海と位置づけ、メンバーは乗務員、開演・終演を出港・帰港と称する独特のライブが特徴。

＊博多ＯＲＩＨＩＭＥ

博多織を衣装に取り入れ、地元の祭りやイベントなどを大切にする。ご当地色が強いグループ。

他にもたくさんのグループがありますが、私が注目しているのはこうしたグループです。グループ名だけを見ても、博多や九州をイメージしたものが多いです。ＨＫＴは言わずと知れた「ＨＡＫＡＴＡ」の略ですし、ＬｉｎＱやＱｕｎＱｕｎの「Ｑ」は九州を表しています。地元に対する深い愛情を感じますよね。

こうしたご当地アイドルたちが、今日も一生懸命に活動しています。これからも例えばコロナのように、日常生活に大きな影響を与える何かがあったとしても、その時々でできることを模索しながらできる限りのパフォーマンスを見せてくれるはずです。そして、「逆にチャンス！」と言えるほど活躍してもらいたいです。彼女たちの笑顔とパフォーマンスは、みんなに癒やしと元気を届けてくれますから。

アイドルを支える人たち
東京から1000kmの地でエンタメ発信する、ゆるぎない熱量

第4章

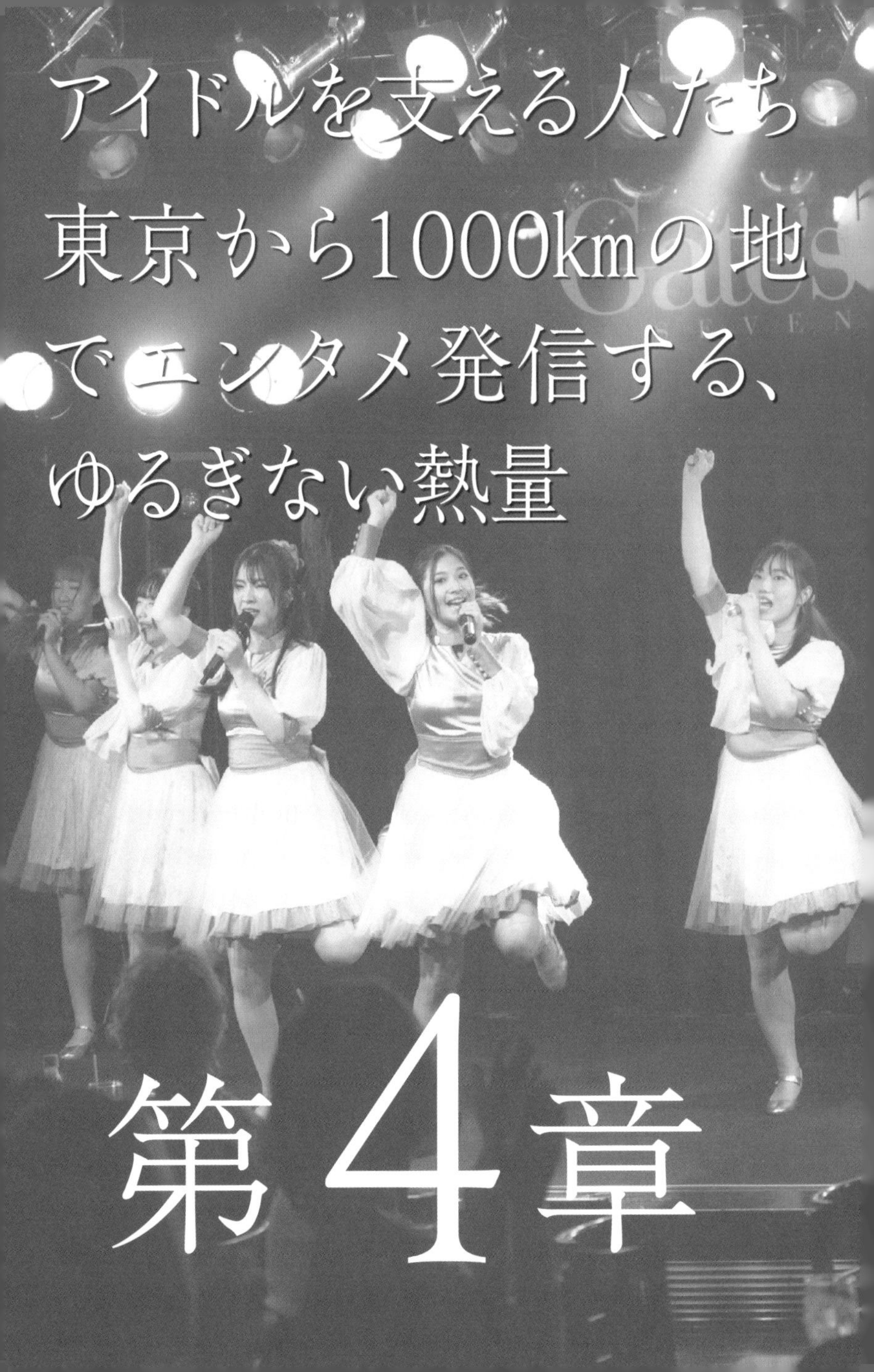

CASE1：

「日本のリバプール」音楽の街・福岡を盛り上げる

——音楽プロデューサー　深町健二郎

【プロフィール】

1961年福岡県生まれ。大学で上京。福岡出身の陣内孝則の所属バンド・ザ・ロッカーズが解散後に、同ギタリストだった谷信雄と共にネルソープを結成。福岡に戻ってからは旅行会社に勤務しながらコンサートツアーや音楽イベントの企画・主催のキャリアを積む。

天神再開発の際、商業施設ソラリアプラザのイベントプロデューサーとなったのをきっかけに、福岡のアーティスト・ミュージシャン・ダンサーによるコラボレーションイベントプロデュースなどを手掛ける。執筆活動やマスメディア出演と並行し、現在は音楽プロデューサーとして地元福岡で活躍中。

——深町さんは、ずっと福岡で音楽活動をされています。この福岡という土地と、音楽との関わりについて、思うところはありますか？

福岡は、音楽シーンに大きな影響を与えてきたすごいところなんです。まず70年代には、天神に今もある「ライブ喫茶照和」から、チューリップ、甲斐バンド、海援隊、井上陽水が、少し時代が下ると長渕剛、ＣＨＡＧＥ　ａｎｄ　ＡＳＫＡが、続々とデビューしました。彼らはみんな売れていって、スターになっていますよね。

ライブ喫茶照和から生まれたのはフォーク系のアーティストが多かった一方で、同時期にサンハウスというロックバンドも生まれています。後にシーナ＆ロケッツのリーダーとなった鮎川誠が所属していて、ブルースを基本とした骨っぽい音楽をやるバンドでした。サンハウスに影響を受けて、ザ・ロッカーズ、ルースターズ、ＴＨＥ　ＭＯＤＳ、シーナ＆ロケッツ、ＡＲＢなど、サンハウスと同様に、ヒットチャートに入っていくよりもコアな音楽シーンで活躍するバンドもどんどん生まれていきます。

当時は、大人の歓楽街だった中洲にキャバレーやダンスホールがたくさんあり、いわゆる箱バン（お店専属のバンド）でセミプロのミュージシャンたちも食べていくことができたのです。無理にヒットチャートを目指さなくても、生演奏をする場所があって、自分たちの音楽ができる。自分たちの音楽をやることが、とても大事でした。ちなみに中洲はジャズマンもたくさん輩出し、その系譜が今、「中洲ジャズ」という毎年9月に開かれるイベントにもつながっています。

70年代は「フォークは天神、ロックは中洲」と言われ、メディアでも「福岡は日本のリバプール」と言われるほど音楽が熱かったです。

フォークなどのニューミュージック系のミュージシャンは、音楽で食べていくには退路を断って東京に行くしかありませんでした。そして、デビューして成功した人たちがたくさんいます。しかし自分たちの音楽を目指したサンハウスは福岡に残り、80年代に「めんたいロック」と呼ばれた福岡発のロックシーンに影響を与えました。当時の福岡は東京で売れるスターを生み出し、同時に福岡独自の音楽も盛り上げていたわけです。

——深町さんご自身の音楽との関わりについて教えてください。

子どもの頃から音楽が好きだったので、70～80年代の熱い空気を感じて、中学生の頃からバンド活動に熱中しました。大学入学を機に東京に出てからも、プロを目指してバンドを組みました。そんな中で旅行会社のアルバイトで香港に行く機会もあって、東京だけでなく海外も経験することができて世界が広がりました。でも、外に出てみると、それまで当たり前だと思っていた地元の魅力に改めて気づくことができたのです。生まれ育った地元に戻って、福岡で音楽を盛り上げる！　それを30年以上もずっとやり続けています。

福岡はたくさんの人材を輩出するけれど、それは悲しいことに流出でもある。これまでは活動するための機能が東京に集中しているので、仕方がなかった面がありますが、東京で成功したタレントやミュージシャンが、もし福岡にとどまって仕事ができていたら、福岡はなかなかの芸能都市になっていたのではないかという想い。それが、私の〝福岡で音楽を盛り上げる〟活動の原動力です。インターネットやソーシャルメディア普及のおかげで、これからの時代はどこからでも、誰でも、自由に発信していけます。だから東京だけがエンタメの発信地でなくても、どこにでもあっていいですよね。

例えばアメリカのような広い国は、これまでだってロサンゼルスやニューヨークだけがエンタメ都市ではなく、プレスリーを生んだメンフィスにはメンフィスの音楽文化があり、ニューオーリンズはジャズ文化発祥都市だったように、いろいろな場所が音楽都市になることができています。これからは日本各地でもそれが可能になると思いますし、私は福岡人として、まさに福岡で成立させるために活動していきたいです。

――福岡を音楽都市にするために、具体的にはどんな活動をしていますか？

まず、30年ほど前から自然豊かな糸島でＳＵＮＳＥＴ　ＬＩＶＥに関わってきました。音楽を通して糸島の素晴らしさに触れてもらいたいと、毎年9月の1週目の週末に開催していきました。

そしてあるとき、気づきました。同じ9月に、「中洲ジャズ」「九州ゴスペルフェスティバル」「ＦＵＫＵＯＫＡ　ＡＳＩＡＮ　ＰＩＣＫＳ」「ＭＵＳＩＣ　ＣＩＴＹ　ＴＥＮＪＩＮ」といった音楽のイベントが、各所で行われているということに！　主催者や目的もそれぞれ違います。でも、だからこそ連携できたらおもしろい。相乗効果もあるに違いない。まさに音楽都市福岡の特徴として、もっと国内外にＰＲできるのではないかと考えました。

そこで、それぞれの主催者のみなさんに「一緒にやりませんか？」と声をかけて連携し、9月を音楽の祭典のイベント月にしたのです。それが「Ｆｕｋｕｏｋａ　Ｍｕｓｉｃ　Ｍｏｎｔｈ」（福岡ミュージックマンス）。

開始当初から福岡市にもサポートしていただき、街全体が音楽で盛り上がっています。ほぼ無料で、街を歩いていれば音楽に出くわす仕掛けになっています。しかも、週末ごとにジャンルの違ういろいろな音楽に！　それは音楽好きの人たちにアピールするだけでなく、子どもたちへの音楽教育にもなると思っています。

福岡ミュージックマンスを始めて4、5年たった頃に、海外からメールが来ました。なんと世界の音楽都市関係者が集まるミュージックシティ・コンベンションという、国際会議への招待でした。東京でも大阪でもなく、福岡に声がかかったのは驚きでした。しかし、丁寧にリサーチした結果、福岡こそが音楽に熱い街だと判断されたのです。

降ってわいたような話でしたが、２０１８年、オーストラリアのメルボルンで開催された会議でプレゼンすることができました。そこで、９月の１カ月間、毎週末フェスがあると言うと、『おまえたちはクレイジーだ。そんなことをやっている街は、世界中どこにもない』と言われましたね。これは、ほめ言葉だと思っています（笑）。

このコンベンションへの出席で、改めて音楽の可能性に気づかされました。音楽には、世代、ジェンダー、人種、価値観を超える可能性がある。他の都市のプレゼンで、治安の悪い場所で武器の代わりに楽器を持たせる活動をしている人がいました。それが治安改善につながっていると。

そして、世界のミュージックシティのあり方を学び、もっとできることがあるとも感じました。ミュージックマンスは、あくまでも9月だけのイベントです。でも、福岡を「音楽都市」として有名にしていきたいなら、何かしら年中活動しているほうがいいのではないか……。そこで２０２１年に福岡音楽都市協議会を立ち上げることになりました。

――では、福岡音楽都市協議会について教えてください。

福岡音楽都市協議会は、福岡の大きな魅力となっている音楽を、産官学民の垣根を越えて交流することで活性化しようという組織です。音楽のジャンルもさまざまで、クラシックからロック、伝統音楽、ジャズなどが交ざり合うほうが、何か生まれるとも考えています。福岡の郷土料理に、寄せ集めの食材を使った煮物料理の「がめ煮」がありますが、がめ煮のような福岡らしい音楽活動をしています。

具体的に今やっている活動は、例えばＦＵＫＵＯＫＡ ＳＴＲＥＥＴ ＰＩＡＮＯ。ストリートピアノは世界的に流行していますが、福岡でもソラリアプラザとベイサイドプレイスの2カ所に置いてあります。気軽に音楽に触れていただくきっかけづくりや、街の賑わいづくりのために設置しました。他に、ＦＵＫＵＯＫＡ ＳＴＲＥＥＴ ＬＩＶＥ。アーティストがパフォーマンスできる場所づくりのために、市にもご協力いただき7カ所の認可場所を設けました。パフォーマンスをしたくても場所がないという悩みの解消になっています。

それから育成活動も進めています。例えばコライトキャンプ。コライトというのは、最近盛んになっている、1曲をグループでコラボして作ることです。この手法ならオンラインで作れますし、得意分野を持つ人たちが集まることで1曲の楽曲クオリティが上がります。そのコライトを学ぶ合宿もやりました。

私は活動し続けることで、福岡からイノベーションを起こしたいのです。東京に行かなきゃ始まらない、というのを覆したい。そのための中長期プランはいろいろあります。世界を見渡せばテロや戦争があり、国内では不況、天災に悩まされて、なかなかうまくいかない世の中です。だからこそ、エンタメの力が必要だと思っています。エンタメは人を元気にし、豊かに生きていくサポートをしてくれます。せっかく脈々と続いてきた芸能の歴史がある福岡。人を元気にするエンタメがあるという仕掛けづくりをこれからもして、立派な音楽都市に成長させたいと思います。

インタビューを終えて

深町さんは、間違いなく、福岡の音楽界の第一人者です。直接アイドルに関わっておられるわけではありませんが、アイドルも音楽界の一分野なので、私がプロデュースする西日本短期大学メディア・プロモーション学科のアイドル活動も、微力ながら深町さんの「福岡を音楽都市として盛り上げる」取り組みの中のひとつになれると考えています。

ＣＡＳＥ２：地方から日本のエンタメ業界に発信する！

――音楽プロデューサー　松隈ケンタ

【プロフィール】

１９７９年福岡県生まれ。音楽制作集団ＳＣＲＡＭＢＬＥＳ代表、日本経済大学特命教授。

福岡で結成したロックバンドＢｕｚｚ７２＋のギタリストとして２００５年に上京。その後作曲家として、ガールズグループのＢｉＳ、ＢｉＳＨの立ち上げからたずさわり、２０１８年に拠点を福岡に戻す。帰福後は活動の幅を広げ、香取慎吾、豆柴の大群など数々のアーティストの楽曲プロデュースを手掛けるかたわら、インディレーベルＢＡＤ　ＫＮｅｅを立ち上げ地元アーティストの発掘、育成にも力を入れている。

２０２２年公開の「仮面ライダーＢＬＡＣＫ　ＳＵＮ」の音楽に抜擢されるなど、音楽界注目のアーティストである。

――松隈さんは、東京で活動するアーティストのプロデュース業をはじめ、全国に向けての仕事をされています。どのような経緯で今のキャリアを積まれましたか？

10年ぐらい福岡でバンド活動をしてから、25歳のときに成功を夢見て上京しました。でも、なかなかうまくいかなかったので、食べていくために音楽スクールの先生の仕事もするようになりました。それがきっかけで、人に教えるということに興味を持つようになったんです。僕らの時代は先輩からタダで教えてもらっていましたが、そういう関係性は薄れてきていて、若い子たちはお金を払ってでも習いたいのだということに気づいて。

それで音楽プロデューサーを目指したいと思い、駆け出しのバンドやアイドルに曲を作ってくれないかという依頼を受けるようになりました。ただ楽曲提供をするというよりも、若い子たちに歌い方やライブについてなど、音楽全般を教えたいという気持ちでしたね。だから、グループの立ち上げから関わることが好きです。1曲だけで終わりではなく、せめてアルバムを1枚作るまで、理想をいえばずっと関わっていたい。そうすれば、成長が感じられますから。

すると、アイドルのプロデュースをすることが多くなってくるんですよね。バンドの子たちは自分の主張が強くて、教わるという意識はあまりないですが、アイドルは素直に教わって吸収しようとします。しかも、根性がある。もともとアイドルは自分とは別世界のものと思っていましたが、いつの間にか関わりが増えていきました。そのストイックさには感心しますし、「アイドル」というよりも「アーティスト」として見ています。

――東京でのご活躍がありながら、福岡に戻ってこられました。なぜでしょうか？

福岡って、「東京に行くこと＝成功すること」というイメージがありませんか？　古くはチューリップ、甲斐バンド、それからチャゲアスや浜崎あゆみと、大成功したスターがたくさんいます。だから、東京に行ったら帰ってくるな！　という空気感があるんです。でも、もちろんみんなが成功するわけではない。福岡に戻る人だっているわけですが、どうも肩身が狭いように思います。

ところが、仕事で沖縄に行ったときに、沖縄は福岡とは全く違っていることを実感しました。沖縄も、東京で成功されている芸能人の方は多いです。でも、「帰ってくるな」という雰囲気ではない。「東京に行くだけですごい！　東京でいい経験ができたら、もう帰って来て一緒に音楽をやろう！」という感じだったんです。それで、例えばモンパチ（ＭＯＮＧＯＬ８００）とか元ＳＰＥＥＤとかＢＥＧＩＮとかＨＹなど、沖縄出身者が集まって、世代もジャンルも超えて一緒にイベントをやるようなこともしています。これには驚きましたが、「沖縄出身者ならみんな応援しよう！」ということなんでしょうね。

沖縄には独自の音楽があり、音楽と生活が密接に結びついています。本来なら「芸能シティ」を自負している福岡こそが、沖縄のように大らかであるべきだと思いました。でも実際は、沖縄のほうが「芸能シティ」じゃないか、と。そこで、少しでも福岡を沖縄に近づけたいと思って戻ってきました。音楽で地元を盛り上げようと、いろいろ動いているところです。


活動の中でも力を入れているのは、若者たちが集まれる場所を再構築すること。まずは、レーベルを立ち上げました。バンドでもアイドルでも何でも構わないのですが、新人アーティストを発掘、育成しています。

それから、天神の今泉エリアでＢＡＤ ＫＮｅｅ ＬＡＢ．というライブハウスをやっています。もともとそこは、九州の老舗ライブハウスであるＤＲＵＭグループの1号店があった場所です。70年代からたくさんのミュージシャンがステージに立ってきた歴史のあるライブハウスでした。そのカルチャーを語り継ぎたくて、場所を引き継ぐことにしたんです。今はライブハウスだけでなくＢＡＲや映像撮影スタジオも併設して、ＤＪイベント、撮影、配信などさまざまなケースで利用できるスポットになっています。東京から、ＢｉＳＨなどつき合いのあるアーティストが来るとここに寄ってくれますから、そのファンのみなさんも集まってくれます。

福岡は都会ではありますがコンパクトな都市なので、才能が出会いやすいのではないでしょうか。東京よりも人数が少ないから、目立っている人間同士がお互いに認知できる。そういう出会いの場としても、レーベルやライブハウスが機能するといいですね。

今後の夢としては、福岡独自の音楽性を打ち出していきたいです。

サブスクって海外では地域ごとのランキングがあり、同じ国でも流行っている音楽が違います。おそらく日本でも地域ごとにランキングがあると思いますが、みんなが同じ音楽を聴いているから地域差が出ないんですよね。この現象は、世界的にはちょっとめずらしいことなんです。僕は、みんな同じ音楽ではつまらないと思います。例えばアメリカの南部では黒人音楽が人気で、西海岸ではパンクロックというように、福岡にも独自性を持たせたい。たとえ日本中が同じアーティストの曲を聴いていたとしても、福岡だけは違う音楽が流行っているというようにしたいです。そうすることで、世界からも注目されます。

福岡から変えていくことが、本当の音楽都市に近づけることなのだと思います。

――松隈さんから見て、福岡のアイドルシーンはいかがですか？

厳しい言い方になりますが、ちょっとぬるい感じはします。福岡にはアイドルグループがたくさんあって、競争が激しいと思われるかもしれませんが、東京に行けばその何倍ものアイドルグループがある。もっとずっと熾烈な競争にさらされていますよ。

東京より不利な部分もあると思います。実は東京って、思ったより娯楽が少ない。昔は東京に行かないと娯楽がなかったけれど、今は東京にある映画やカラオケや遊園地は福岡にもありますよね。加えて美味しいものがたくさんあって安いし、観光地もある。ライブ以外の娯楽がたくさん！　福岡は東京より人口が少ないのに、ライブに足を運んでもらうには敵が多いということです。

それに、ビッグネームのアイドルもそこそこ福岡に来るので、それと比べられてしまうつらさもありますね。東京では「東京ドームで今日は誰がライブをやっているか」なんて知っている人はおそらく少ないですが、福岡の人は、ビッグネームのライブがあればみんなそれを知っていて話題にします。だから、ローカルアイドルは苦しいのではないかと思います。それに打ち勝つようなエンターテインメントを創り出さなければならないわけですよね。本当は東京から来たアイドルを超えるライブやイベント、グッズを実現するべきなのに、東京を見ていないから、超えるためのイメージがわかない。
ちょっと厳しい言い方をしましたが、そういう現実を知らないというだけなので、教えてあげられたら変わるはずです。根性もポテンシャルもあるわけですから、福岡の中だけでの活動で満足せずにもっと上を目指せば、きっと成長できます。期待しているからこそ、厳しい目で見守っていきたいです。

――松隈さんご自身は、東京を拠点に仕事をしていたときと福岡に帰って来てからとでは、仕事に違いはありますか？

曲作りやプロデュースをするという部分では、東京でも福岡でも同じです。東京にいなくても曲は作れるし、レコーディングも遠隔でできますから。例えば東京のスタジオにBiSHに来てもらって、僕がいる福岡のスタジオとつないでディレクションする。どこでも同じ感覚で仕事はできます。コロナ禍になる少し前に福岡に戻って来て、当時はまわりからも「なぜ福岡に？」「オンラインで会議？」と不思議がられていたと思います。でも、コロナ禍になってみると、むしろ良かった！　という感じになりました。図らずも、コロナ対応を先取りしちゃっていました。今はもう、距離的な遠さはすんなり受け入れられています。

僕の東京での仕事は、福岡にいても同じようにできますし、もう東京一極の時代ではないと思っています。それは、福岡に帰ってきたからこそ理解できました。東京にいるときは、「1千万人都市の東京で、1千万人に向けてエンタメを発信する！」と気負っていた部分がありました。でも福岡にいると、「確かに東京の1千万人はすごいけれど、残りの日本人1億人以上はみんな地方人だ」ということが見えてくるんです。東京では、広告打つなら「渋谷だ！　アドトラックを出せ！　テレビなんてもう、見る人は少ない！」と思うのですが、福岡では「アドトラックって？」となりますし、まだまだテレビの影響力は強いです。

東京一極ではない。その意識で福岡を振り返ると、適度に都会で適度に田舎だという素晴らしい土地じゃないかと思います。もちろん、自分のふるさととして愛着もあります。東京よりも少し、時間の流れがゆったりしていて伸び伸びできます。そんな環境の中では、気持ちの面でとてもクリエイティブになれると実感しました。東京と同じように仕事ができるのだから、クリエイターとしての僕が福岡を拠点にすることは、メリットのほうが大きいと思います。これまでのように全国区に展開する仕事を手掛けながら、福岡の音楽を盛り上げていきたいです。

インタビューを終えて

松隈さんはBiSHをはじめとした全国区のアイドルをプロデュースするなど、芸能・エンタメの世界で全国的な知名度を持つ人物です。芸能界について広く深くご存じだからこそ、冷静な厳しいご意見もうかがえました。でも、その厳しさこそが福岡をもっと活性化してくれるはずです。厳しさの根底には、福岡への深い愛情があるからです。

音楽プロデューサーの松隈さんと、元テレビプロデューサーで現在は大学教授の自分とは、世界や業界の違う遠い存在だと感じていました。しかし、松隈さんもおっしゃっていたように、福岡というコンパクトシティだからこそ出会いの機会はあって、違う業種の人間同士でもそれぞれの分野で目立っていれば交わりやすい。そのひとつの実例として、松隈さんと私との出会いがあったのだと思います。まさに、福岡ならではのご縁です。

CASE3：福岡でアイドルをプロデュースする

——音楽プロデューサー　松尾宗能《むねよし》

【プロフィール】
1968年福岡県生まれ。音楽ユニットのインスタントシトロンを結成し、1995年東芝EMIよりメジャーデビュー、翌年脱退。中古レコード店の店長から独立して、レコードショップParksをオープン。2016年ガールポップレーベルParks Records設立。カノサレ（元・彼女のサーブ&レシーブ）、天野なつ、浦郷えりか、ほかに楽曲提供、サウンドプロデュースを行う。2017年の六本松 蔦屋書店オープン時から、音楽全般に関わり、広告塔として音楽スペースの魅力を発信する音楽コンシェルジュを務める。ソフトロック、ネオアコ、ソウル、ラテンミュージックなどを、郊外都市と空想をテーマに練り合わせる架空ポップス「コスメポップ」を提唱している。

――松尾さんは、音楽プロデューサーとしてどんな活動をされていますか？　アイドルとの関わりもありますよね？

ずっと福岡で音楽活動をしています。福岡で結成されたバンド・インスタントシトロンに参加して東京でメジャーデビューしましたが、僕自身は福岡に住み続けています。音楽の方向性の違いからインスタントシトロンを抜けた後はレコード店をやっていて、音楽活動のほうはそれほど熱を入れていませんでした。が、10年ほど前に、福岡県世界遺産登録推進レディ『ＭＩ６』というグループの曲を書いてくれないかという依頼があって、また作曲やプロデュースを始めました。ＭＩ６には、アイドルっぽい曲を書いて欲しいということでした。

アイドルについては、２００５年ごろからＡＫＢ48の活動が伝わって来て、「秋葉原に地下アイドルのような、ローカルなアイドルシーンがある」ということを聞いていたので興味を持っていました。その後、福岡にもＨＲというグループができたことを知りました。おそらくＨＲが、福岡ローカルアイドルのスタートなのではないかと思います。それからＣＱＣ’ｓやＱｕｎＱｕｎ、ＬｉｎＱなどが出てきましたが、全体的には自分の音楽の方向性とは違ったので、興味はありながら関わることはありませんでした。

２０１２年からＲＫＢラジオで『ドリンクバー凡人会議』という番組をやらせてもらいました。これは、音楽をメインテーマに井戸端会議的に語るトークバラエティ番組です。この番組で、興味深いサブカルチャー、ポップカルチャーとしてアイドルを取り上げ始めました。そこで、高い音楽性を誇る「Ｎｅｇｉｃｃｏ」「Ｅｓｐｅｃｉａ」「星野みちる」といったアイドルを知ったわけです。彼女らをフィーチャーしたイベントを、福岡で何度か開催しました。そのうちにアイドル運営や楽曲提供に興味を持ち始め、「ドリンクバー凡人会議」メンバーでアイドルのプロデュース、運営を始めました。この頃から、アイドルシーンやインディーミュージックシーンとの関わりが深まったと思っています。

今は、ＬｉｎＱを卒業した天野なつや、アイドルユニット・カノサレのプロデュースをしています。ただ、僕は福岡のローカルアイドルたちの中で人気になるような曲が書けない。僕の音楽は、ソウルやソフトロック。やっぱりちょっと、盛り上がりを求める今のアイドルの方向性とは違うんですよね。

最初にＭＩ６の楽曲を依頼されたときには、なんとかバンドサウンドで切り抜けました。今の天野なつやカノサレでは、ソフトロックのバリエーションをいろいろと試しています。そうすると、福岡で受ける音楽とは路線が違うので、彼女たちは今のところは東京を中心とした活動になります。福岡のアイドルの方向性とも、折り合いをつけていきたいとは思っています。お客さんがガンガン盛り上がるような音楽も作らないと。それがこれからの自分の課題ですね。福岡ローカルアイドルの方向性に寄せながら、自分の独自性も捨てずに表現することで、彼女たちが注目されて、どこかで見つかってくれればいいな、という気持ちです。

――福岡のアイドルたちに、どんな印象を持っていますか？

福岡のアイドルたちは、とてもきちんとアイドルをやろうとしていると思います。遊び半分ではなく、ちゃんと正統派のきれいなアイドルとして、芸能界を意識しています。そこにはとても好感が持てますね。ただ、グループが増えていけば、それだけ「アイドル好き」の人の数も増えるというものでもありません。新しいグループに惹かれてファンを卒業することもあり得るので、ファンを減らさない努力も必要です。だから、みんな一生懸命だと思います。

プロデュースする立場としては、僕は福岡のエキゾチシズムというものを打ち出していきたいですね。それは例えば、方言を大切にするとか、美しい糸島の海や福間海岸のような福岡の誇れるスポットとか、とにかくローカル性を表現すること。そのうえで、エンタメを享受するみなさんの想像力をかき立て、ローカルストーリーを感じて欲しいです。極端な話、福岡よりもっと狭い範囲の、自分の家の近所にフォーカスしてもいい。

ただ、僕自身はローカル性を曲に取り入れることが苦手です。天野なつの曲にはめんたいロックのテイストを入れたつもりですが、上手くいっているのかどうか自分ではよく分かりません。これからもっと意識していく必要があります。勘違いしていただきたくないのは、ローカルを表現することは、決してドメスティックにこもることではないということ。福岡らしさを出しつつ、日本全国や海外にも進出できるようにしたい。半径1キロ以内のものを吸収しつつ、もっと外に向けて表現していくことは、音楽活動をしていく上でベースになるテーマです。

——福岡で活動することについて、こだわりはありますか?

自分自身はずっと福岡で活動してきましたが、それは福岡にこだわってきたというよりも、縁があったということだと思います。若い頃にやりたいことをやるときに、助けてくれた大人の人たちがたくさんいました。今でも感謝しています。

困っている人がいたら助ける「人と人とのつながり」が、福岡人らしさだと思います。だからこそ、文化が継承されていくんじゃないでしょうか。後輩は屈託なく先輩を尊敬し、先輩は打算なく後輩をかわいがる。近所づきあいもそうです。「やってみよう！」と思えば、先輩やおせっかいな人が必ずいる。いろいろ教えてくれて、助けてくれます。

だから自分も、若い人たちにできる限りのことはしたい。まわりには若いバンドマンやアイドルがいますから、これまでの自分の人脈を通して少しでも仕事につながるような手伝いをしているつもりです。例えば、なかなかライブハウスでパフォーマンスができないのなら、僕が音楽コンシェルジュを務める六本松蔦屋書店でイベントを企画したり、自分の楽曲に参加してもらってクレジットに名前が紹介されるようにしたり。少しでも、誰かの目に留まる可能性を増やしてあげたいです。

でも、福岡にはクリエイターの才能はあふれているけれど、残念ながらそれを使いこなせていなかったのかもしれません。これまでにたくさんの才能が福岡を出て行ってしまったのは、使いこなせなかった側の責任が重いと思っています。僕は音楽プロデューサーとして、これからは使う側の役目をまっとうしたいですし、同じ志を持つ人たちがいることも感じています。

若い人には興味を広げてチャレンジしてもらいたいので、「行きたければどんどん東京に行ってごらん！」と声をかけたいです。ただ、福岡の才能を福岡で使いこなせるようにしておけば、「東京一択」ではなく選択肢が生まれますよね。東京でチャレンジしてもいいし、福岡からスターになるチャレンジをしてもいい。次世代を担う人たちには、そういう自由をプレゼントできたらいいと思います。

コロナがきっかけでライブを配信するようになり、地方からでも発信できるようにはなりました。ただ、それを収益化することは簡単ではないです。パフォーマンスの粗が見えやすいとか、配信のテクノロジーがまだ発展途上であるとか、課題はありますよね。だから、地方にとって単純に配信がメリットとはいえません。でも、例えばパフォーマンスの粗が見えないように質を上げる努力をするとか、50人しか観客がいなかった有観客ライブがオンラインでは1万人に観てもらえるようになるとか、結果的にいい方向に転がればいいなと思っています。いつか、配信が福岡をはじめとした地方にとっての大きな武器になるといいですね。

インタビューを終えて

福岡にもアイドルにも縁のなかった頃から愛聴していた東京のTBSのラジオ番組「アフター6ジャンクション」で、アイドルにも造詣が深いパーソナリティの宇多丸さんが、何度も松尾さんのプロデュースした楽曲を紹介していました。「福岡では、松尾宗能さんの作る曲には間違いがない」と宇多丸さんが高く評価されていたので、福岡に来る前から松尾さんのことをよく知っているような気がしていました。いつの間にか自分も福岡でアイドルに関わるようになり、実際に松尾さんと交流ができるようになって今回インタビューさせていただいたことは、不思議なご縁で感慨深いです。

松尾さんをはじめ、この章でインタビューさせていただいたみなさんのように、福岡を拠点にして「才能を使いこなせる人」は増えている印象です。東京に行かなくても、福岡から全国に向けて活躍できる時代は、すでに来ていると思います。

ＣＡＳＥ４：アイドル志望の福岡の若者の支えになるために

――ＩＱプロジェクト新人育成プロデューサー　上原あさみ

【プロフィール】

１９８６年福岡県生まれ。高校生の頃よりダンスを始め、高校卒業と同時に上京しダンスを学ぶ。福岡ソフトバンクホークスのオフィシャルダンスチーム「ハニーズ」に３年間所属後、２０１０年にアイドルグループＨＲ１期生メンバーとしてデビュー、同年12月にグループを卒業。２０１１年、アイドルグループＬｉｎＱの立ち上げプロジェクトに参画。

運営業務も続けつつ、同年４月にＬｉｎＱのリーダーとしてデビューしアイドル活動を再開。２０１３年に卒業し、マネジメント等に専念。２０１７年のグループ活性化のための「ＩＱプロジェクト」発足と同時に、新人発掘、育成を担当。現在は東京の芸能プロダクションとの合同プロジェクトグループである結音ＹＵ－ＯＮを担当している。

――上原さんは、ご自身がアイドルとして活躍していたときも、運営側としてアイドルの育成にもあたっていましたね。両立は大変だったと思いますが、どのような経緯だったのですか？

私は福岡ソフトバンクホークスのチアリーダー「ハニーズ」の1期生として、3年間充実した活動をさせていただきました。ハニーズは自動継続ではなく毎年オーディションがあるので、そのたびに「次はどうしよう」と考えることになります。野球とファンとの架け橋として踊ってきたわけですが、自分をメインにした表現をしたい、新しいチャレンジをしたい、と思っていくつかオーディションを受けた中のひとつが、たまたまアイドルグループでした。

すぐに方向性の違いを感じて卒業することになりましたが、そのグループの活動を通して出会った人と一緒に「新しいグループを立ち上げよう」という話が持ち上がったんです。それが、今も福岡を中心に活動するアイドルグループＬｉｎＱの誕生につながりました。私は運営側でもありながら、２０１１年にＬｉｎＱの初代リーダーとしてデビューしました。

もともと芸能界やアイドルには興味がありましたが、そのときすでに24歳だったので、自分がアイドルとして活動できる最後のチャンスだと思っていました。まだ東京のＡＫＢ48さんもはしりの時期で、福岡ではアイドルがすごく少なかった頃です。アイドルブームに火が点く直前でしたね。東京に行くのは勇気が必要だし、福岡にはまだあまりチャンスがない。だから、自分と同じように何かに挑戦したい女の子たちが、福岡で活動できる場になれば嬉しいという気持ちでＬｉｎＱを立ち上げました。福岡での活動をきっかけに、全国でも活動できるグループになったらいいな、と。

チアリーダーをやってからアイドルとしてちょっと活動していた自分が、アイドルグループをつくってしまうなんて、自分の中でもかなり大きな変化でした。運営側の業務をやるにしても、パソコンも何もできませんでしたし、ＬｉｎＱのリーダーとしての役割とも両立しなくてはいけません。まだＳＮＳ社会でもなかったので、いろいろなところにポスターを貼りにまわるなど、手探りで何でもやりました。

幸いアイドルブームのはしりと重なって、まだＨＫＴ48さんも結成されていなかったので、アイドルに興味のある女の子たちがたくさんオーディションに来てくれました。１１６２人の応募者の中から、デビューしたのは33人です。私と同じ24歳が３人いて、一番下は小学6年生という年齢の幅があるかなりの大所帯でしたが、ほぼ未経験の子ばかり。みんないい子たちで、ダンスも歌もレッスンも撮影も、初めてのことばかりなのに一生懸命についてきてくれました。

――グループを卒業して、運営に専念するようになったのはいつ頃ですか？　そして、育成のシステムはあったのですか？

自分がやりたいところまでアイドルを続けるよりも、グループのストーリーを考えるほうが大事だと思って、卒業時期を決めました。２０１３年にメジャーデビューする前に次世代にバトンを渡して、私は運営に専念して今に至ります。

ＬｉｎＱはメンバーが入れ替わりながらグループとして順調に成長していきましたが、だんだん大人数でまとまっていくのが難しくなってきました。年齢の幅が大きく広がって来て、年上のメンバーもタレントとして長く活躍したり、さまざまなことに挑戦したりできるように、何かを変えなくてはいけない時期に来ていたんですね。それが、２０１６年の終わり頃。停滞した状況を打ち破るために、「ＩＱプロジェクト」を立ち上げました。

これは、ＬｉｎＱという１つのグループの活動にとどまらず、自分の可能性を発信していくプロジェクトです。例えばタレント業をしながらライブができたり、舞台にも挑戦できたりと、事務所に所属したまま長く芸能活動をやっていく道をつくったということです。

ＩＱプロジェクトの大きな柱としてＬｉｎＱの存在がありますが、他にも舞台をメインとしたユニットやＬｉｎＱとは別のアイドルグループもつくりました。事務所ではＩＱプロジェクトを卒業してソロ活動をする人も支えますし、オーディションやスカウトで研究生を集めて、レッスンしてデビューへの道を拓くこともやっています。研究生の制度が、育成のシステムということになると思います。プロジェクト立ち上げのタイミングで、私は新人育成とプロデュースに専念するようになりました。

――ＩＱプロジェクトの今後については、どうお考えですか？

ＩＱプロジェクト全体で、中央でも勝負できるグループをつくりたいです。ローカルアイドルで終わらず、第一線のアイドルさんたちと並んでも恥ずかしくないライブをやり、メディアに出てもビジュアルや音楽で引けを取らないレベルでありたいです。ただ、それだけではなく地元を大切にして、「福岡に根を張りながらの活動」というところは絶対に譲れないポイントです。地方って独特ですよね。九州は地元愛が強くて人と人とのつながりが強いので、東京では「こんなこと、できないよね」ということが手を取り合ってできると思うんです。

例えば地元企業さんたちもたくさん応援してくださっていて、つながり合うことで、お互いに盛り上がるという好循環が生まれます。そういう関係性を、一緒に仕事をしている東京の芸能事務所の方が見て、びっくりされていました。

ＬｉｎＱというグループ名は、「Ｌｏｖｅ　ｉｎ　Ｑｓｙｕ（九州）」の略と、「活動を通じていろいろな人や地域の架け橋になる」という意味での「架け橋＝リンク」とのダブルミーニングです。九州のローカル性と幅広いエリアや層に向けた発信を、ネーミングの中にも両立しています。地元が大好きで地元を背負いながら羽ばたいていく子たちを、発掘して育てていく。それが私たちの仕事です。私が駆け出しのアイドルの頃は、ただ「夢」とか「やりたいこと」の延長で活動していた気がしますが、今、私たちの事務所は、きちんと仕事としてアイドルをやって欲しいと考えていますし、それを可能にする体制を整えています。

コロナ禍で配信ライブが当たり前の世の中になりましたが、ＬｉｎＱはメジャーデビューした２０１３年当時から、すでに配信ライブをやっていました。配信ライブ後には、対面のサイン会の代わりに写真に直接サインやメッセージを書いて送るという、ネットサイン会もやっていました。それは、ＬｉｎＱがローカルアイドルであり、お客さまの３分の１程度は県外からいらしていたからです。毎週福岡に来ることはできないけれど、メンバーの誕生日ライブなど、観たいライブがたくさんある、というお客さまたちのためでした。メンバーの人数が多ければ、誕生日ライブも頻繁になりますから。

　コロナ禍になり、今は配信がとても重要なツールになっています。コロナ禍が落ち着いても、配信ライブは当たり前になっているでしょうね。私たちは、ずっと前から配信をしていた経験もあり、それを福岡拠点で活動する強みにできると思っています。実際、わざわざライブ会場に足を運ぶほどではないけれど、配信をチラッと観て気になってくださった人たちがいます。日本だけでなく、海外にもそういうファンの方々がいて、配信がなければ出会えなかった人たちがたくさんいる！　それは財産ですね。

　これからも、配信をひとつの手段にしながら、福岡を拠点にして日本全国や海外にも発信していけると思っています。ファンのみなさんだけでなく、芸能活動に真剣に取り組んでいるＩＱプロジェクトメンバーたちの熱意に応えられるように頑張っていきます。

インタビューを終えて

ＬｉｎＱは福岡のローカルアイドルの草分けであり、結成から10年以上たつ現在も、精力的に活動しています。間違いなく、福岡のアイドルを語る上で欠かせないグループになっています。その創設に運営としても関わり、初代リーダーを務めた上原さんは、福岡アイドル界の重要人物です。

ＬｉｎＱの母体となっているＩＱプロジェクトには、私が学科に着任した当時の学生が、研究生として所属していました。上原さんが新人育成プロデューサーとして彼女の育成にも関わっていたことが分かり、ご縁を感じています。

CASE5：福岡の離島からエンタメで笑顔を発信

——能古島国際映画祭実行委員会

【能古島国際映画祭とは】

2022年3月26・27日の2日間、福岡・能古島の「のこのしまアイランドパーク」において開催されたショートフィルムの映画祭。ファミリーを中心としたたくさんの人々が、星空の下で映画を楽しめる祭りとして企画された。

映画祭実行委員としてエンタメ発信の一員になる

第1回の能古島国際映画祭が開催され、私もその実行委員として映画祭を盛り上げることができました。ここではインタビューではなく、私自身がエンタメ発信の一員として、能古島国際映画祭について語りたいと思います。

もともと、福岡には１９９１年から毎年開催されていた「アジアフォーカス・福岡国際映画祭」というイベントがありました。しかしコロナ禍の影響などもあり、２０２０年の第30回の開催をもって惜しまれつつ終了。福岡に、なんとかまた映画祭を！　そんな機運の中、東京で開催されている国際短編映画祭「ショートショートフィルムフェスティバル&アジア」とも関わりのある地域企業連合会 九州連携機構の小早川明徳会長が中心となって、実現のために動いてくださったのです。

多種多様な業種にわたる小早川会長の幅広い人脈の中から、完全ボランティアの実行委員が20人ほど集められました。そのうちのひとりとして、私にもお声がけがあったのが開催前年の夏のことでした。福岡に来てから1年と数カ月たったものの、せっかく福岡でいろいろな人と交流をしていきたいのにコロナ禍で思うようにいかないと思っていた私にとって、とてもありがたいお誘いでした。祭りの地である福岡で、映画祭という祭りにゼロからたずさわれる。しかも、異業種の人々と共に！　そう思ってワクワクしたのを覚えています。

８月から始まったミーティングで、上映作品の選定などを話し合いながら徐々に映画祭を形にしていく中で、私は２つのことにこだわりました。

まずひとつは、映画祭のネーミングに「国際」を入れること。福岡という地方都市で、更に能古島という離島で開催される映画祭です。かなりローカルな場所ですが、国際的な作品を発信します。そこに、意味があると思いました。「ファミリー映画祭」などの案もありましたが、私だけでなく「国際」を推す声があり、「能古島国際映画祭２０２２」という名前に決まりました。

もうひとつは、上映作品の中に日本の作品を入れること。はじめは海外作品ばかりがピックアップされていたのですが、せっかく日本のローカルな場所で上映するのですから、日本作品も入れるべきだと思いました。そのほうが、親しみをもって楽しく観ていただけるのでは、と。結果として、５作品中２作品は日本のショートフィルムが選定されました。

コンセプトを意識した屋外の映画祭

実行委員会のミーティングを重ねるうちに、共有されたコンセプトがあります。それは「子どもたちに最高の笑顔と思い出を」です。コロナ禍で、さまざまな楽しみの機会を奪われている子どもたち。この映画祭が、子どもを中心にファミリーで楽しめる機会になるといい。そんな想いを、実行委員みんなが持っていたのです。もちろん、映画祭には誰に来ていただいても嬉しいのですが、のこのしまアイランドパークは、自然豊かで動物とも触れ合えるファミリーにうってつけの場所です。パークで遊び、映画も楽しんでもらいたい。

屋外にスクリーンを設置し、星空の下で映画鑑賞を楽しんでいただくために、映画の上映は日も暮れた19時からとなりました。また、屋外にステージも設置し、お昼からはオープニングイベントを開催して盛り上げることに。この季節は菜の花と桜が満開の絶景が楽しめるので、屋外ステージはまさにその絶景をバックにしてパフォーマンスできる場所。アイドルやアーティストのパフォーマンス、ヒーローショー、来場者参加のカラオケ大会など、楽しい企画満載にしました。

ただ、残念なことに映画祭の1日目の天気予報は雨。スクリーンを設置する時点で完全屋外をあきらめて、普段はバーベキュー場となっている屋根のあるテラスのような場所にスクリーンを設置することになりました。実際、１日目の始まりは雨でした。午後から晴れたのですが、屋根のある場所での上映となったわけです。しかし屋根があるだけの開かれた空間だったので、屋内とは違って外の空気に触れながら、気持ちの良い映画鑑賞を提供できたと思います。

西短ＭＰ学科さくら組のステージ

実は、私が教えている西日本短期大学メディア・プロモーション学科のアイドルユニット『西短ＭＰ学科さくら組』も、屋外のオープニングイベントに出演させていただきました。私が着任して以降、ミュージックビデオの制作はやっていたものの、コロナの影響で外部でのライブを行うことができない日々が続いていました。プロのアイドルやアーティストが出演するような映画祭のイベントでパフォーマンスをすることは、学生たちにとって待ちに待ったチャンスだったのです。

３月下旬のこのとき、それまでメインで活動していた２年生は卒業してしまった後。新入生も入学前で、当時の１年生だけでパフォーマンスをしなくてはなりませんでした。しかし、それがかえって彼女たちのやる気に火をつけたのかもしれません。みんな練習を頑張り、本番に備えていました。私も、「どんなに頑張っても、プロにはどうしてもかなわない。でも、学生にもできることが2つあるから意識して欲しい」と、一生懸命に全力でやることと、笑顔でやりきることの大切さを伝えました。

西短MP学科さくら組のパフォーマンスは1日目。そう、雨の日でした。悪天候の中でリハーサルをし、お客さまの数も期待できない……。ところが、出演直前に雨が上がって晴れてきたのです。1曲目に披露する学科のテーマソング「あ

「能古島国際映画祭オープニングイベント」
それまで降っていた雨が上がり、明るい日差しが差しこんだ。のちに学生や教員の間で「能古島の奇跡」と呼ばれるようになったステージ

かるいほうへ」は、「雨上がりの空から　一筋の光が差す　どこまでも羽ばたいてゆけあの空まで」という歌詞から始まります。まさにピッタリ！

私はメディア・プロモーション学科の前途が祝福されているような気がして、今でもこの日にタイミングよく空から明るい光が差してきたことを「能古島の奇跡」と呼んでいます。パフォーマンス自体も、練習の成果を存分に発揮して上手くやってくれました。学生たちにとって、念願のステージ。「全力で一生懸命」と「笑顔」でやりきった彼女たちは輝いていたと、ひいき目なしに思います。

福岡女性の気合や度胸で、外部でのライブという初めての経験を乗り切りました。人前に立つからこそ、あふれてくるパワーがある。それを強く感じたパフォーマンスでした。そして、「映画祭のオープニングを盛り上げるイベントとして」ということを理解し、映画祭に貢献する気持ちを持ってくれたことも嬉しかったです。

盛況の中、花火で幕

映画祭2日目は好天に恵まれ、お客さまの数も増えてますます盛況となりました。いろいろな屋外イベントも、メインの映画上映も、どちらも楽しんでいただけたと思います。たくさんの笑顔を見ることができ、私たちも幸せでした。最後は、サプライズで花火が打ち上がったので、お客さまも大喜び。感動的なエンディングを迎えられたと思っています。

コロナ禍でさまざまなイベントが中止される中、能古島という小さな離島から国際映画祭というエンタメイベントを発信できたこと。そして、その開催のために自分が少しでも役割を果たせたこと。それが嬉しかったです。ローカルからでも、エンタメを発信できるという実感を得られました。これからの私の学生アイドルプロデュースにも、この経験が自信になると思います。一緒に映画祭を盛り上げた実行委員のみなさんにも、この場を借りて感謝申し上げたいと思います。

プロデューサーの大事な役割は、
クリエイティブの質を上げるだけでなく、
全体を見ながら組織を整えること

西短メディア・プロモーション学科教員座談会

@西日本短期大学　第1スタジオ

学科長　教授　今木清志　メディア論・テレビドラマ・映画
×
副学科長　教授　徳永玲子　演劇・ナレーション・日本舞踊
×
准教授　宮谷未知子　ダンス
×
助教　金子朋未　ナレーション・リポート

本当に実現するのか？ 短大でアイドル養成学科

今木：今回、私の初出版にあたって、教員のみなさんのお話もうかがいたくて、集まっていただきました。私は西短に着任するまでは福岡とは縁もゆかりもなかった人間ですが、今は福岡でアイドルをプロデュースしてエンターテインメントを発信していくことに情熱を持って取り組んでいます。これからは東京にいなくても、地方から勝負できる時代だと感じているんですよね。福岡は多くの有名芸能人を輩出する土地であり、地方の中でもエンターテインメントの発信力において一歩先んじているのではないでしょうか。

徳永玲子

劇団員として20年の経験があり、テレビ、ラジオのパーソナリティとして長年活躍

この西短メディア・プロモーション学科は、地方からのエンタメ発信のひとつのモデルケースになると思っています。きっと他の地方の方にも参考になるでしょうから、この学科について教員の立場からも語っていただけますか？

徳永：私は、このメディア・プロモーション学科の創設期から関わっています。前の学科長から、「エンタメ界に羽ばたく人材を養成する新しい学科を3年後につくる！」と最初に聞いたときには、短大という教育機関でそんなことできるのかしら？　と、信じられない気持ちでした。そもそも、文部科学省から学科設置の認可を受けられるのか、疑問でしたね。でも、もし学科の設置が実現したら、20年間劇団に所属して演技を学んだ経験を、学生たちに伝えて欲しいと言われました。そこで、メディア・プロモーション学科ができる3年前から、まずは保育学科の絵本のお話会の講師という形でこの短大に来ました。

半信半疑でしたが、２０１１年に本当にメディア・プロモーション学科が誕生しました。

学科創設者で初代学科長の先生のご尽力は、大変なものだったと思います。正直なところ驚きましたし、はじめは手探り状態だったのですが、メディア・プロモーション学科で演技を教えるようになりました。当初は法律などの座学が多くて、ダンスやモデルウォーキング、演技といったエンタメ系の実技授業は少なかったです。

宮谷：私が西短で教えるようになったのは、学科ができてから5年目でした。まだ学生の人数も少なかったし、今のような充実したカリキュラムではありませんでした。ちょうど、卒業生でもある金子先生が2年生のとき。まさか、教え子と一緒に仕事をするようになるとは（笑）。ここでの学びを活かして、活躍してくれていて嬉しいです。

宮谷未知子

大学在学中よりダンスをはじめ、アーティストのバックダンサーなど舞台経験も豊富。ダンス教室のインストラクターからスカウトされて西短の教員に

金子：ありがとうございます。私が在学していた頃は、今とは全く雰囲気が違っていました。同期もたった9人でしたから。この学科

金子朋未
メディア・プロモーション学科４期生。卒業後はナレーターやリポーターとして活躍

に教員として戻って来てみると、今は実技が充実している！　うらやましいです。特にタップダンスやアクションは、私も学生時代にやってみたかったです。それに、今では今木先生のテレビドラマ論や映画論など、エンタメ系の講義も充実していて、私も授業を受けたいくらい。

卒業後も、オーディションの前にはアドバイスをいただくために短大を訪ねることがあったんですけど、だんだんにぎやかになっていって、活気がどんどん出てきたのを感じていました。ただ、初期の頃はこぢんまりとして家庭的だったとも言えます。1対1でしっかり教えてもらえたからこそ、私はリポーターのお仕事をさせていただいているので。

今木：初代学科長だった牛嶋先生は、熱意をもってメディア・プロモーション学科の基礎をつくってくださったんですよね。アイドルを養成するような学科を短大につくるなんて、普通はなかなか思いつきませんから。はじめのうちは試行錯誤があったと思いますが、まずは学科が誕生していなければ、私も今ここにいません。学科設立当初に関わってくださったみなさんのおかげで、今の学生たちの活動があります。

学科の成熟に向けてプロデュース開始！

宮谷：今木先生がいらしてから、学科の組織を整えてくださって、仕事がかなりスムーズに進むようになりました。それ以前は私たち教員も分からないまま前に進まなくてはいけない状況だったので、迷いが多かったです。何も決まりがない状態から、とにかく自分の判断でやってみる。自由にやらせてもらえるありがたさはありましたが、学科内でも他の先生方がどんなことをやっているのかあまり把握できていませんでしたし、今考えてみると自分たちのやっていることを客観視できていなかったと思います。

徳永：そうですよね。自分のことは自分でやる。でも横のつながりがないから、学科全体を意識することができなかったのかもしれません。だから、ちょっとした孤独感を味わっていました。

宮谷：分かります！　今はこうして徳永先生ともいろいろお話しできますが、以前は接する機会がほとんどなかったですよね。個人個人が、とにかくやらなきゃいけないことをさばく毎日で、私は実務的なことに追われていました。学生とはたくさんコミュニケーションを取っていたので、なんとか教育機関としての体をなしていたけれど、ギリギリでしたね。短大での教育を外に発信できるよう、きちんとパッケージにするという感覚がそもそも欠けていました。そういうバラバラな状態を、テレビ局のプロデューサーだった今木先生がすべて組織化してくださったと思っています。やっと、俯瞰して見てくれる人が現れたというか。

　プロデューサーって、そういうお仕事なんですね！　全体を見てバランスを考える感じですか？　おかげで、とてもスムーズにいろいろなことが運ぶようになりました。実際は、今木先生が来られる前と後で、カリキュラムやアイドル活動のベースが劇的に変わったわけではないのに。

金子：私が学生だった頃から、ユニットを組んでアイドル活動をしていたし、イベントやライブにも出ていましたから。でも、今ほどの数はこなせていなかったですね。年に１、２回かな？　あとは、個人的に頑張って出演の機会を取ってくる。４期生の頃は、そういう時代でした。

今木：なるほど。私が西短のメディア・プロモーション学科を見つけて、ぜひここで教えたいと思ったときに、アイドル活動があるということも知りました。でも、その頃はまだ、自分がそのプロデュースに深く関わるとは思っていませんでした。ただ、エンタメをクリエイトすることが私の人生の根本にありますから、何かおもしろそうだとは感じていました。

実際に着任してみてまず思ったことは、学科全体がまだ新しく成熟していないから、これから組織化することで進化させることができるのではないか、ということでした。そうすればもっと学外に向けて発信できるし、学生たちの活動の幅も広がるだろうし、学生の成長にも絶対につながるだろうと。長年、プロデューサーとして働いてきたので、どうすればこの学科が組織として良くなるのかという勘が働くんですよね。プロデューサーの役割の大事な要素は、クリエイティブの質を上げるだけでなく、全体を見ながら組織を整えることですから。適材適所で能力を発揮してもらえれば、総力でパフォーマンスを上げられる。

そうしなければ、せっかく個々で頑張っていたとしても報われないケースが多くなってしまうんです。組織化して俯瞰で見て、みんなが自分の長所を発揮して全体としての成果を上げられるようにする。そうすればみんなが報われます。そんなプロデューサーの意識が自然に働いて、メディア・プロモーション学科でも実践しただけなんですけどね。

まずは、学生たちのユニットを強化しました。みんな好き勝手なことをやってバラバラみたいな状態から、リーダー制をはっきりさせて、それぞれのユニットのリーダーとサブリーダーを決めました。リーダーによって各ユニットがまとまったら、その上に統括するリーダーを置く。統括者は、教員たちときちんとコミュニケーションを取る。もちろん、教員側の組織も整えます。この方法で、時間はかかったけれどかなりまとまりが出て、いろいろなことがうまく回るようになってきたような気がします。

学生も教員も共に成長していく環境

徳永：本当に環境が変わったと思います。まず、みんなのやる気を引き出してくださったんですよね。それは学生だけでなく、教員たちのやる気も。モチベーションが全く違います。以前は孤独を感じていたと言いましたが（笑）、今はみんなとつながっていると思えます。

人間関係だけでなく、演劇もラジオ番組制作も映像制作もアイドル活動も、表現するということやコミュニケーション力を高めるということにおいて、全部つながっている。その感覚を総合的に引き出していただいています。だから今木先生は、決してアイドル活動だけをプロデュースされているわけではなく、学科全体のプロデュースをされているんです。例えば教員たち一人一人がどんな講義をしているか、きちんと見て、知ってくださる。そして、折に触れてその感想を伝えてくださる。見て、知って、フィードバック。それがあると、自分は独りではないという安心感が生まれて励みになります。

　学生たちのこともよく見てくださっていますから、みんなのモチベーションも上がって、だんだん指示されなくても自分で動けるようになっていきますよね。1年生のときは頼りなかったのに、2年生になってから「私がこれをやります！」と自ら手を挙げられるようになった子が本当に増えて、その目覚ましい成長が嬉しいです。特に印象的な学生がいましたよね？　今木先生の着任と同時に入学してきて、この3月に卒業した声優志望の女の子。はじめは地面ばかり見ていて、表情は口角が下がって口がへの字だった……。

宮谷：ああ！　はい、そうでしたね（笑）。

徳永：演劇の授業では、発声練習で長音といって「あーーー」と声を長く伸ばす実技があるんですけど、それも「あぁ…、あ……」という感じで、声すら出せなかったんです。恥ずかしさや自信のなさが動作にも表れて、いつも足をもじもじ動かしていました。それが卒業公演でアフレコをしたときには、とても感動的な台詞をつやつやの素晴らしい声で、朗々と言うことができたんです。観に来ていた卒業生たちが、「あれが、あの恥ずかしがり屋だった○○ちゃん⁉」と驚くほどでした。表情も大きく変わり、ちゃんと口角が上がってかわいらしくなりました。お母さんも、「短大で学んで、本当に変わりました。こんなに変えてくださってありがとうございます」とおっしゃって。今木先生のプロデュースのおかげですよね。

今木：いや、もちろんみなさんのご指導のおかげです。

宮谷：今木先生は、仕事が早くて、大きなところから細かいところまで同時に見てくださるんです。何か問い合わせをすると、すぐに返事がきます。しかも、的確に。それが私たちにとってもプレッシャーにもなるんですが、程よい緊張感にもなっています。

金子先生を教員に加えるべきだと、強く主張してくださったことも感謝しています。私自身、新しい先生に仕事を教える余裕があるのかどうか自信がなかったので、はじめは入っていただくメリットがよく分からなかったんです。でも、金子先生の働きがあって、さまざまな面でスムーズにものごとが進むようになって、さすが今木先生の見る目は正しかったんだと思いました。これも適材適所ということですね。

金子：私は今木先生によって組織が整えられたところに入ってきたわけですが、出身校で教えることができて本当に嬉しいです。自分がリポーターとしてやってきた経験が、自分だけのものだったときと、学生に伝えるときとでは全く違うことに気づけました。自分では当たり前だと思ってやってきたことが、学生からすれば「どうして、それをするんですか？」という疑問になる。聞かれたときに、ハッとするんですよね。何も考えずにやってきたことを、かみ砕いて言葉にすることが、自分の成長にも役立ったと思います。

同時に、自分が学生だったときには見えていなかったことが見えてきました。休み時間のたびに先生のところに遊びに行ったり声をかけたりしていたのですが、先生ってこんなにも忙しかったんだ……と。ちょっと反省しました。でも、逆の立場になって今は学生たちからたくさん声をかけてもらって、忙しくてもとても嬉しいです。ファミリーみたいですよね。

ミュージックビデオで本格的にエンタメ発信

今木：確かに、学生と教員との距離は近いかもしれませんね。アイドル活動のプロデュースをしていると、一緒にライブやイベントなどをやる機会も多いので、みんなで作り上げる喜びを感じられて結束しますし。

特に、今はミュージックビデオ（MV）の制作に入っています。私が着任した年からMV制作をはじめ、今は3曲目です。宮谷先生は衣装と振り付けなどを担当して、現場のディレクター的な役割を担ってくださっていますし、徳永先生と金子先生は、アイドル活動には直接に関わるわけではないけれど、楽しみにされていますね。見守っていただけると励みになります。

徳永：ミュージックビデオは、今木先生が学科にいらしてから始めた試みですよね。

今木：たまたま私が着任した年は、コロナ禍の始まりで世の中が今までのようには動かなくなった時期に重なりました。だから、短大での教育も、いきなり「さて、どうしよう」という状況になったわけですよね。もちろん、アイドル活動も行き詰まりました。だから、私自身がメディア・プロモーション学科で何か新しいアイドル活動をやってやろうと思ったわけではなく、否応なしにこれまでとは違う活動をしていかなければならなくなったんです。リアルなライブができないので、ＳＮＳなどを活用して発信ができないかと考え、ＭＶを制作することを企画しました。コロナ禍がなければ、ＭＶを作るなんていうことは、考える必要もなかったのではないかと思います。

１年目のはじめはステイホームの世の中で学校もリモート授業となり、その後、対面授業になってからも厳しい行動制限がありました。しかも、私は着任したばかり。クオリティにこだわる気持ちは常にありながら、こんなときだからこそアイドルからの元気や癒やしを世の中に届けたくて、できるだけ早く発信することを目指しました。

楽曲「ｍｉｓｏ ｓｏｕｐ」は、さりげない日常の大切さをテーマに学科卒業生のシンガーソングライター碧海さんに作詞作曲してもらいました。学校で１人ずつ動画を撮り、その映像を編集で合成したものでしたよね。みんなで一緒に制作できない状況の中で、精一杯できることをやりきりました。

その経験があったからこそ、次の2作目はもっとクオリティの向上を目指しながら、みんなで制作できたと思っています。外に出られるようになってきたけれど、まだ不安がある。2作目は「そんな世の中に希望を」という願いをこめた「あかるいほうへ」という楽曲で、作詞は前作同様に碧海さんに依頼し、作曲はＬｉｎＱなどのアイドル曲も手掛けているＲｙｕｔａｒｏ　Ｈａｓｈｉｍｏｔｏさんにお願いしています。撮影などの技術面でも、プロの方に依頼した部分があります。やはり適材適所で、外部からの協力を得ることも大事です。テレビ局での番組制作と同じで、こちらのコンセプトがしっかりしていれば外部の協力を得ても、オリジナルの作品になりますから。

　そして、3作目は今まさに制作中。2作目の「あかるいほうへ」と同じ作詞作曲のコンビによる「しあわせになりたい！」という楽曲で、これまでの経験も糧にして、より本格的に映像にもこだわり、良いＭＶにできると思っています。

宮谷：学生ももちろんなんですが、現場を担当している者として、自分自身もずいぶん成長させていただいたと思います。

今木：みんな成長するし、外に向けて発信すること自体に意味があります。だから、できればＭＶ制作は続けていきたいですね。とても時間も労力もかかることなので、簡単に「次もやります！」とは言えませんが。

金子：できれば、ぜひ続けていただきたいです。学科のグループＬＩＮＥに宮谷先生がダンスの練習動画をいつも上げてくださっているので、私はそれを見るのが今の楽しみなんですよ。以前と比べると、学生たちの魅せ方や表情がどんどん良くなってきていると思って。だから陰ながら応援しています。

ＭＶをはじめとしたアイドル活動に、私自身は直接関わってはいませんが、アイドル活動による学生たちの成長を感じることはよくあります。例えばアナウンスの授業で、客観的に自分を見るためにカメラで撮るんですが、はじめは目線の使い方も意識できていないし、所作にも粗さがあるんですよね。でも、アイドル活動をしているうちに、目線をうまく使えたり所作がキレイになったりします。

徳永：私も、学科アイドルユニットが出演するイベントがあれば観に行きますし、そこで輝いている子たちを見ると嬉しくて、演劇でも輝いて欲しいなと思います。私自身も刺激を受けますね。確かに金子先生がおっしゃるように、私の担当講義でも成長を感じられます。空気が読めるようになって、演劇の舞台で「立ち位置の間隔が空いているから間を詰めよう」とか、「お客さんが少し飽きているみたいだからアピールしよう」とか、自然とできるようになったのはアイドル活動のおかげです。人前でステージに立つことで、表現する力はグーンと伸びるんだなと実感しています。

メディア・プロモーション学科のさらなる飛躍を目指して

金子：4期に在学していたからこそ感じるんですけど、年々メディア・プロモーション学科は進化しています！　私自身は今、今木先生の仕事ぶりを拝見しながら吸収している時期だと思っているので、いつか自分から提案しながら学科を盛り上げていきたいですね。

宮谷：私は、可能であれば外部の仕事を斡旋する事業部のような部門をつくって、そこで仕事をしてみたいです。いつかメディア・プロモーション学科の活動がもっと認知されて、有名になって、世間に求められるようになることを願っているので、そうなったときに、まとめてマネジメントできたら強みになるんじゃないかと。そうやって仕事を取ってきてマネジメントすることが、学生たちの夢をかなえることにもつながるはずですよね。

徳永：私は元劇団員なので、本格的な演劇の舞台を創りたいという夢があります。そのためにはもっと学生数も増やして、表に出る人と裏方ができる人の両輪を育てていかなければと思います。それから、私は日本舞踊と三味線もやっているので、そういう日本文化を取り入れたエンタメを創りたいです。これからインバウンドが復活したら、「エンタメで外国からのお客さまをおもてなしできる西日本短期大学メディア・プロモーション学科」として認知されるといいですね。あわよくば長期の休みを利用して、学生もアジア巡演ができたらいいなと、どんどん夢はふくらみます。

今木：みなさん、夢が大きくていいですね。実は、私にも夢の構想があるんですよ。ミュージックビデオやライブなど、いろいろな活動をしているところですが、いつかこのユニークな学科活動をストーリー化してドラマや舞台、映画などの作品にしたいと思っているんです。きちんとしたエンタメとして全国に発信し、楽しんでもらい、それが学科や学校を知ってもらうことにつながり、エンタメ業界を目指す多くの学生がこの学科に集まるようになったらいいですよね。発信するコンテンツの質を高め、量と種類も増やしたいんです。

私は病気で倒れて、一度は生死の境をさまよいました。そんな経験をしなければ、自分が仕事やプライベートで学んできたさまざまなエンタメについて、若い世代に引き継ぎたいという想いは生まれなかったでしょう。新たな生きがいを見つけられたという意味では、倒れたことも無駄じゃなかった。そしてこのメディア・プロモーション学科で、エンタメ業界を目指す学生たちのモチベーションを少しでも上げて、夢をかなえる手伝いができているとしたら、本当に嬉しいです。先生たちのご協力も、とてもありがたく思っています。これからも一緒に福岡からエンタメを発信して、学科を、学校を、そして福岡を盛り上げていきましょう！

（２０２２・９・４）

エンタメってこんなに幸せ！　アイドル力が人を育てる

西短ＭＰ学科さくら組
「しあわせになりたい！」ＭＶ制作ドキュメント

西短ＭＰ学科さくら組のミュージックビデオ、すなわちＭＶの制作。過去2作品で経験値を上げ、いよいよ3作品目の制作に突入！

さて、いったいどのようにＭＶは作られていくのか。ドキュメントで振り返る。

3作目ＭＶ撮影までの流れ

2022年

1月10日　「しあわせになりたい！」のコンセプト完成

前作「あかるいほうへ」の完成後から構想していた、新曲のコンセプトを完成させ、学科の先生方に共有した。コロナ禍の中で、若者たちに幸せになってほしいという想いをこめたコンセプト。ここに、3作目の制作が始動した。

「西短MP学科さくら組」新曲コンセプト

「しあわせになりたい！」

世界がコロナに覆われて2年。ウイルスはまた新たな展開を見せ、先行きが見えない状況は続いています。

そんな中、一度しかない青春時代をこの不透明な世界で過ごすことになった若者たち。

幸せのカタチは人それぞれですが、みんな、幸せになって欲しい。

「幸せになりたい！　私の幸せって？　幸せはすぐそこにあるかも！」

若さと生命力で不透明感を吹き飛ばすような、多幸感あふれる楽曲で、心の弾むような幸せなひとときを届けたい。

みんなが幸せを感じられる日が、一日も早く訪れることを願って。

18日　コンセプトを音楽制作会社へ提示、作曲開始

27日　コンセプトを作詞担当・シンガーソングライター碧海さん（メディア・プロモーション学科７期卒業生）へ提示、作詞開始

3月4日　制作会社に制作協力を依頼

新曲用衣装の色を、「幸せの色」として黄色にすることを決定

衣装デザイン案検討

衣装製作会社に衣装製作を依頼

11日　撮影場所として、能古島の「のこのしまアイランドパーク」に協力依頼

能古島国際映画祭でご縁ができた「のこのしまアイランドパーク」は、四季折々の花が咲き乱れる色彩が美しい自然公園で、「しあわせ」を表現するひとつの要素として、「花いっぱい」を表現する場所としてふさわしい。ただ、撮影予定の９月中旬はちょうど見頃となる花が少ない。学生が集中して練習できるのは夏休みなので、撮影は夏休み最後の９月中旬という予定をずらすことはできない。撮り方を工夫し、美しい緑と青い海という自然、夏のさわやかさを表現できればと「のこのしまアイランドパーク」に決定した。

結果として、花にあふれた自然豊かな情景を活かしたＭＶに仕上げることができた。

「ボーカル選抜メンバーオーディション」
選抜に向け意気込みを述べる。それぞれの個性が見える

4月13日　歌詞完成

19日　制作会社と撮影打ち合わせ（能古島と福浜キャンパスで撮影すること、「花いっぱい」のイメージにすること、など）

26日　仮歌（碧海さんによるボーカル）の音源できる

28日　学生にボーカル選抜メンバーオーディションの募集告知（8人が応募）

5月27日　ボーカル選抜メンバーオーディション

本格的なボーカルオーディションを実施。学科教員4人からなる審査員は、「歌唱力」「表現力」などの項目ごとに点数をつけて集計。選考の結果4人決定。

「レコーディング」
プロ仕様の機材に囲まれ、エンジニアから指示を受けながらプロと同様にレコーディング。学生たちにとって初めての経験

6月7日　ダンス授業でMV用ダンス練習開始

15・20日　学内のアナウンスブースで仮レコーディング

15日の仮レコーディングには、作詞を担当した碧海さんが来校し、歌唱指導を行った。「しあわせになりたい！」は、メロディーに乗せる言葉の数が多いなど、歌うのが難しい曲。作詞者自らの歌唱指導は、ボーカル選抜メンバーにとって貴重な経験となった。

25日　レコーディング＠ＳＴＳスタジオ

学内のアナウンスブースでの２回の仮レコーディングを経て、プロのアイドルやアーティストが使う、学外のスタジオでレコーディング。

学生たちにとってもちろん初めての経験だが、的確に指示に応え、順調に進む。今作はメインのボーカルだけでなくコーラスも多く、コーラスもボーカル選抜メンバーが練習を重ねてレコーディング。歌う分量が多いのが、「しあわせになりたい！」の特徴であった。

私の役割は、必要に応じて歌い方のニュアンスなどについて、プロデューサーとしての意見を伝えること。私がこの段階で大事にしたのは、まず全体としては、明るく幸せな感じを表現すること。もうひとつは、落ちサビ（歌の最後のほうで、楽器の音量を下げて、ボーカルのみで表現する部分）でエモく歌うこと。今の学生は「情感」と言ってもピンとこないので、「エモい」のほうが伝わるという助言を現場担当の宮谷先生にもらっていたので、普段の私なら使わない言葉で少し気恥ずかしいが、意識的に「エモい」を使って指導した。

前作「あかるいほうへ」で落ちサビ部分を２人のボーカルで歌ったが、他の部分との落差がはっきりとは出なかった。そこで、今作では落ちサビのボーカルは１人と決めた。落ちサビ担当の候補者は２人いて、私は自分の琴線に触れるエモさを持った歌声を選んだが、両者ともボーカルのレベルは高く、いい勝負となった。

レコーディング自体は順調に終了し、スタジオのエンジニアは「プロのアイドルグループでも、こんなに順調にレコーディングが進まないことがある」と言ってくださり、メディア・プロモーション学科が誇るボーカル選抜メンバーの歌唱を高く評価していただいたのが嬉しかった。

7月19日　制作会社と撮影打ち合わせ、福浜キャンパスロケハン（撮影現場の下見）

28日　ダンス全体練習開始（以降、夏休み期間のほとんどを費やして猛練習）

学科アイドルユニットの振り付けは、学科のダンスの講義を担当している宮谷先生。ジャズダンスをベースに多様なダンスの要素を取り入れた、アイドルダンスの枠を超えたダイナミックな振り付けが特徴。「しあわせになりたい！」では、コンセプトの「多幸感」を可愛く元気なダンスで表現し

「MV ダンス練習中」
ここに来るまでに何時間も自宅などで自主練習を重ねてきた

た〝幸せのダンス〟がMVの大きな魅力となった。

8月22日　学科内アイドルユニットごとのダンス練習開始

25日　「しあわせになりたい！」音源完成
多幸感を表現できていて、映像が加わったMVのイメージが更にふくらむ

26日　能古島ロケハン
「のこのしまアイランドパーク」の緑豊かな風景と、「能古島キャンプ村」の南国リゾート風の海辺の風景を見て回り、この豊かな自然が今回のMVの大きな魅力となることを確信する

29日　新曲用衣装（黄色衣装）完成

9月2日　初めて新曲用衣装を着用しての練習および写真撮影
幸せの色として選んだ黄色の衣装。生命力あふれる学生たちが着ると、予想以上に幸せ感が出るのを目の当たりにして、幸せな気分に

9日　練習最終日。学生たちの猛練習により、いい仕上がりになっている。練習の最後に円陣を組む。掛け声は「しあわせになりたい！」いよいよ撮影だ！

MVの流れ（ストーリー）

歌詞は、女の子の「しあわせになりたい！」という気持ちを、好きな彼に振り向いてもらいたい甘酸っぱい想いと重ねた恋愛のストーリーになっている。MVではその世界観を表現するために、歌詞の主人公を3人の女の子で表現し、それぞれの恋模様をドラマ風にインサート。それをコンセプトである「幸せ」を表現したアイドルらしく可愛らしいダンスシーンでつなぎ、初々しい恋をさわやかに描く。

撮影1日目：9月12日　@福浜キャンパス

- ドラマ部分のキャンパスライフと学科内アイドルユニットごとのダンスシーンの撮影
- ＲＫＢラジオから女性リポーター集団スナッピーのメンバー２人がやって来て生中継
  ２人のリポーターのうち１人はメディア・プロモーション学科の卒業生
  「Ｔｏｉｔｏｉｔｏｉ」の番組中、４回の生中継で紹介される
- ＫＢＣテレビの取材 ➡ ９／12「Ｗｉｓｈ＋」と、９／13「アサデス。」「アサデス７」で放送された

8：30　キャンパス集合

学科としても昨年２月以来のＭＶ撮影。だから、すべての在校生にとって、初めてのＭＶとなる。そのため、みんなわくわくドキドキ。緊張はしているだろうが、「頑張るぞ！」という気力に満ちている。私も、みんなが夏休みをほとんどつぶして猛練習してきたのを見てきている。「みんな！　練習してきた力を発揮すれば大丈夫！」と、学生たちの気持ちをほぐすように声をかけた。

「大教室にて撮影中」
講義シーンだけど、「自炊していますか？」
なんて質問も（笑）

9：30～　撮影　@大教室
・ドラマパート　講義風景
・ダンスパート　かぜ組・はな組

・ＲＫＢラジオ「Ｔｏｉｔｏｉｔｏｉ」の生中継
２回
１回目　リポーター集団スナッピー出身の金子朋未先生へのインタビュー
２回目　今木へのインタビュー
・ＫＢＣテレビ取材

　ＭＶ撮影のカメラが５台ぐらいあちこち動き回っている上に、ＫＢＣテレビの取材カメラも入っている。ラジオの生放送もある。更に、卒業生のカメラマンが撮影風景を撮影するカメラも入っている。学生たちは、どれが何のカメラ

「かぜ組」

可愛いユニット。振り付けも可愛めで

かよく分からないし、こんなあわただしい経験は初めて。私はマスコミ対応で分刻みの打ち合わせ。

　講義風景の撮影では、教壇に私が立ち、教室には学科の1、2年生が交ざって大勢座っている。学生たちが授業を受けている表情が自然にできるよう、私はあたかも授業をしているふうに、MVのコンセプト作りから撮影当日までの歩みを話した。しかし話が終わってもまだ撮影が続いていたので、「何か質問ありますか？」と尋ねると……。「自炊していますか？」「どんな料理を作りますか？」「今日の朝ご飯は何でしたか？」など単身赴任の私へのたわいもない質問が出て、思いがけず楽しいひとときに。MVでは真面目な講義をやっているように見えて、実は現場ではほほ笑ましいやり取りがあった。

「はな組」
優美なイメージのユニット。衣装も華やかに

11:20～　撮影　@正門
・ドラマパート　登校中風景
・ダンスパート　ほし組

・RKBラジオ「To・i to・i」の
生中継3回目
声優志望の1年生&2年生のインタ
ビュー
・KBCテレビ取材
西短MP学科さくら組リーダーのイン
タビュー
12:00～　昼休憩
・いろいろなところでお昼ご飯
・RKBラジオ「To・i to・i」の
生中継4回目

「ほし組」
ダンスが得意なユニット。カッコいい
K-POP も踊れる実力派

何人かの学生と今木へのインタビュー

たくさんの学生がお昼を食べていた学科の第1スタジオで。スナッピーの「みなさん、お疲れさまです！」の呼びかけに、学生が元気いっぱいに声を合わせて「お疲れさまでーす!!」と応える。

13：00〜　撮影　@吹き抜け〜渡り廊下

・ドラマパート　メインの女の子3人のシーン

・ダンスパート　はな組

14：00〜　撮影　@図書室

・ドラマパート　図書室シーン

・ダンスパート　そら組

「ＫＢＣテレビ取材」
はじめは見ているほうまで緊張が伝わってきたインタビューも、しっかり答えられるようになってきた

15：30〜　撮影　@屋上

・ドラマパート　屋上で「しあわせになりたい！」と叫ぶシーンなど

・ダンスパート　選抜「西短MP学科さくら組」（7人）

私の研究室がある建物の屋上で撮影。暑い中での撮影の休憩場所として研究室を提供したところ、大勢の学生がやって来る。こんなに大勢の女の子たちが研究室に入ってくるのは初めて！　研究室はパーテーションで区切って、奥のほうをプライベートスペースにしているが、そちらにも遠慮なく入ってくる学生たち。選抜メンバーのライブ出演のときに学生たちと初めて撮ったチェキを飾っていたのを見られて、「先生、私たちのこと好きなの〜？（笑）」とからか

「そら組」

元気なユニット。リーダーはしっかり者！

われて照れる。

17:30　撮影終了

1日目の撮影が終了。学生たちは、疲れてはいるだろうけれど充実した表情をしており、楽しそう。さすが、若い！

プロデューサーは、現場のことは現場に任せるもの。私も信頼して任せているが、なるべく撮影現場に立ち会うようにはしていた。屋外シーンが多くマスコミ対応も多かったので、かなり疲れた。帰宅後に撮影風景の写真の整理をしようとパソコンの前に座ったが、気がついたら夕食も食べずに寝落ちしていた。

「選抜メンバー西短MP学科さくら組」
選ばれて嬉しい。緊張もする。でも楽しい！　一生懸命踊る！

撮影2日目：9月13日　@のこのしまアイランドパーク／能古島キャンプ村

●イメージショットと「西短ＭＰ学科さくら組」全体のダンスシーンの撮影

●西日本新聞社の取材　⬇9／20西日本新聞Ｗｅｂ版掲載

9／30西日本新聞紙面・Ｗｅｂ版掲載

●朝日新聞社の取材　⬇9／22朝日新聞Ｗｅｂ版掲載

10／3朝日新聞紙面掲載

7：30　姪浜渡船場集合　7：45の船に乗って能古島へ向かう

7：55　能古島着　アイランドパークの社長自らが運転してくれるバスに乗りこむ

8：10頃　アイランドパーク到着　撮影スタンバイ

9：00～　撮影　@花壇／運動場／恋の観音様

・イメージショット　選抜「西短ＭＰ学科さくら組」（7人）

快晴！　素晴らしい天気に恵まれた大自然の中で、しかもドローンを使った撮影もあるということで、学生たちのテンションが上がる。

10：15〜　撮影　＠芝広場

・ダンスパート　西短ＭＰ学科さくら組（全員）

芝広場は、この年の春に能古島国際映画祭で選抜「西短ＭＰ学科さくら組」がパフォーマンスをした思い出の場所。芝生の一面の緑。その向こうに空と海が見える最高のロケーション。

11：00〜　昼休憩

・バーベキュー場で昼休憩。もちろんバーベキューをするような余裕はなく、アイランドパークに用意していただいたハンバーグのお弁当でお昼ご飯

「能古島での撮影スタート」
みんなで歩くイメージショットにもワクワク感がにじみ出る

12:30〜　撮影　@運動場
・ダンスパート　西短MP学科さくら組（全員）
・西日本新聞社／朝日新聞社の取材開始

豊かな緑を背景にした黄色の衣裳でのダンスが映える、美しいシーンとなった。ただ、自然が豊かなだけに都会ではあまり見なくなった昆虫が多く、中でもハチが黄色い衣装を好むのか、盛んに寄ってきて、みんなキャーキャー言いながら逃げ回ったのも楽しい思い出。

14:30〜　撮影　@花壇
・ボーカルソロシーン
15:30〜　新聞社取材

「のこのしまアイランドパーク・芝広場にて」
緑の芝生と海と空との間でパフォーマンス。傾斜の厳しい場所だったけれど、幸せな笑顔は崩さない

花壇での撮影後、能古島キャンプ村への移動の前に新聞社のインタビューを受ける。
朝日新聞社　学生２人（そら組リーダー・声優ユニットリーダー）
西日本新聞社　学生３人（ドラマパートのメインの３人「西短ＭＰ学科さくら組」リーダー・はな組リーダー・ほし組＆演劇ユニットリーダー）

西日本新聞社からは、アイドル担当の名物記者が取材に。普段はプロのアイドルを取材している記者さんに学生アイドルがどう見えるか心配だったが、記事の中で『まぶしく輝く』と書いていただき、学生たちの全力のパフォーマンスが、目の肥えた記者さんの心にも響いたようで嬉しかった。

「のこのしまアイランドパーク・運動場にて」
緑あふれるロケ、と思いきや、休憩中にはバッタやチョウ、ハチまで飛んできて大あわて！

16：15～　撮影　＠能古島キャンプ村
・イメージショット
・ダンスパート　西短MP学科さくら組（全員）

海辺のキャンプ場で、目の前は海岸。みんなで海岸線を走ったり海を背景にジャンプをしたりする印象的なシーンを撮影。

学生たちの撮影中に、新聞社2社から私がインタビューを受ける。


2日間にわたって、暑い中、何度も繰り返しダンスをするなどハードな撮影だったが、学生たちは、観てくれる人に幸せを届けようと「笑顔」と「全力で一生懸命」でやりきった。


「能古島キャンプ村・海岸にて」

イメージショットなので、決められた振り付けもない。

彼女たちの個性が光るいい笑顔が撮れた

17：30　撮影終了

乗らなければならない船の時間が迫っており、撮影終了の余韻に浸る間もなくバスに乗りこむ。その途端、それまでずっといい天気だったのに、雨が降り始めた！　快晴に恵まれて撮影できたことに改めて感謝をしていると、対岸に見える福岡の街には虹がかかっていた。「しあわせになりたい！」のミュージックビデオの撮影が無事に終わったことを、幸せの神様が祝福してくださっているような気がした。能古島国際映画祭のときには、雨が降っていたのに出番の直前になったらやんで日が差してきた。それに続く2度目の「能古島の奇跡」だと感じて、能古島の大自然に感謝した。

学生たちの充実感も、その後に彼女たちがアップしたＴｗｉｔｔｅｒから伝わってくる。

ＭＶ撮影終了しました　楽しくて、でも終わるのが悲しくて……
ちょっと複雑だったけど、すっごい動画ができるはずだから
11期12期で1つのものを作り上げられたこと嬉しいかぎりです
これが私の「青春」であり「しあわせ」です♡
貴重な経験ありがとうございました

ＭＶの撮影無事に終わりました
仕上がりが楽しみです‼
みなさんに幸せを届けます
おたのしみに～

とっても楽しかったです
西短ＭＰ学科さくら組『しあわせになりたい！』
幸せお届けします

とっても素敵な映像が撮れたはず
皆さんにしあわせを届けられるよう頑張りました

何回も休憩時間に爆睡しちゃうくらい疲れたぁ～！
それほど全力出し切りました‼
みんながしあわせになってくれたらいいなっ！

MV公開：10月7日

編集段階でのさまざまな微調整を経て、MVが完成。YouTubeで公開した。
マスコミ関係の皆さんからも、たくさんの嬉しいお言葉をいただきました。

本格的なミュージックビデオですね
クオリティの高さにびっくりしました
素晴らしい出来ですね
福岡市の観光プロモーションにもなりそうです
すごいね、これ。坂道系のMVかと見まちがうような完成度です
ドローンも使って、衣装もどんどん変わって！

何度も視聴しました！
若い人たちの生き生きとしている表情に、
とても元気づけられます
ストレートに届きます

ロケ地の数といい、衣装の多彩ぶりといい、
カット割りといい、
特に！　学生さんの表情とダンス……
力作じゃないですか‼

「しあわせになりたい！」

MV

「しあわせになりたい！」

何度も何度もジャンプ！

幸せを届ける笑顔は絶やさない

【MV制作を終えて】

たくさんのご好評をいただき、本当に嬉しいです。先生方、制作協力や衣装製作などのスタッフのみなさん、のこのしまアイランドパークのみなさん、作詞・作曲・レコーディングなど音源関連のみなさん……。関わってくださったすべてのみなさんのおかげです。ありがとうございました！

そして学生たち。みんなの力でたくさんの方に幸せをお届けすることができました。よく頑張ったね！

各種音楽配信サービスで配信開始：10月14日

Apple Music、Spotify、LINE MUSIC、AWA、amazon musicなど、多数の音楽配信サービスで配信。

学生たちも喜びのツイートをアップ。

「しあわせになりたい！」
音楽配信サービス

有名なアーティストさんやアイドルさんの隣に自分たちの曲が並ぶって不思議な感じ♡

私も同じように嬉しく思うとともに、こういうところに並べていただく以上はもっと精進せねば！　と気が引き締まります。

【そして、未来へ】

こうして1月の楽曲コンセプト完成から始まった「しあわせになりたい！」制作の旅はひとまず終着点に到達し、すでに私は次の曲のコンセプトを考え始めています。

1年後の世界はどんなふうになっているのかと、想いをはせながら……。

おわりに

元テレビプロデューサー、福岡で教授になって学生たちに「ケーキ」を渡す？

テレビ画面に映る「フィクションの世界」に憧れた少年時代。いつのまにか私は、感動するだけの自分に悔しさを感じていました。受け手でいることのもどかしさ、あちら側に行きたい、クリエイティブな作品を生み出し、感動を与える存在になりたい、という想いを抱くようになっていったのです。その想いを貫き続け、とうとうここ、福岡まで来ました。

大都会のテレビ局で感動を生み出す側の存在となり、そして今度は、同じように夢を抱く若者たちへ、その経験を受け継いでいく。

そんなドラマのような人生の、いまだ真っ最中！　この喜びを今感じられているのは、学生たちのおかげです。私の「伝えたい」に応えてくれる学生たちとは、年齢差を超え、深い絆を感じています。

本当にここ「西短」で教授になって良かった。

私の誕生日には、みんなでいくつものサプライズを仕掛けて祝ってくれました。情に厚くもてなし好きの福岡女性らしさだなと、胸が温かくなりました。

本書は、「地方とエンタメプロデュース」に焦点を当てたため、「西短MP学科さくら組」の話が中心となりました。でも実際は、メディア・プロモーション学科の全員が可愛い教え子であり、いつも気にかけている存在です。

学生たちの努力が実を結び、将来の夢をかなえて欲しいと願っています。

心筋梗塞で一度は死の淵まで行った身とし

「今木先生サプライズ誕生祝い」
配信ライブの衣装のまま、祝ってくれた学生たち。突然みんなが歌い出した「ハッピーバースデー♪」。大好きな「現場」で還暦を迎えられる幸せ

ては、今こうして生きている人生はごほうびのようなものです。

私の命をケーキのように切り分けて、
「ハイ」と学生たちに渡している。

そんな想いで、いつも教壇や創作現場に立っています。
私にできることは、多くのエンタメの先人から受けた学びを、受け継ぐこと。学生たちの笑顔が、世の中を変えていけたら、どんなに素晴らしいことか。その日を思い描きながら、今できることをやり続けるのが生きがいです。

私はもう十分、幸せだから、学生たちみん

「学生たちに想いを伝える」
学生たちみんなの心に「エンタメとは」「クリエイティブとは」の精神をしっかりと残すことが使命

なもぜひ幸せになってほしい。そんな願いを込めて、「幸せ」をコンセプトにした「しあわせになりたい！」という楽曲やミュージックビデオを制作しました。学生たちがいてくれたからこそ、この本が生まれました。

本当にありがとう。

そして、エンタメをプロデュースするという視点でこの本を読んでくださったみなさんには、「ぜひ仲間になりましょう！」と声をかけたいです。東京は人材も豊富で、自分でつかみに行けばチャンスもありますが、地方ではどうしたらいいのか分からなくて、プロデュースに向けて行動できないケースは少なくないのではないでしょうか。

しかし、行動を起こしてみれば、地方のほうが人数が少ない分だけ異種の才能に出会いやすく、仲間もつくりやすいということを実感しています。例えば、私が第4章でお話をうかがったような方々とは、東京にいたらなかなか接点を持つことはできなかったと思います。コンパクトな街だからこそ、つながりやすいのです。

これからはもっと、エンタメに関わるたくさんの才能とつながり、仲間を増やしていきたい。そして、どの地方でもそれが可能ならば、いずれ地方と地方がつながるネットワークも構築できるかもしれません。そうなったら、ますます発信力は強くなり、「どこからでもエンタメをプロデュースできる！」ことが当たり前になるのでは？　それを楽しみにしたいです。

最後に、本書執筆のために関わってくださったたくさんの方々にお礼を申し上げます。まずは西日本短期大学の先生方、学生たち、職員のみなさん。メディア・プロモーション学科の活動に理解を示し、協力してくださっているすべての方々。そして、インタビューに応じてくださったみなさん。福岡への愛情はあっても、まだ知識や理解が足りない私を補い、考える材料をたくさんくださいました。本当にありがとうございます。

それからテレビ朝日のみなさんにも感謝しています。テレビ朝日での34年間で数多くの作品を制作させていただき、エンターテインメントの制作についてたくさんのことを身につけることができたからこそ、今の私の活動があります。

また、還暦過ぎての著者デビューとなった私を導いてくださったみらいパブリッシングのみなさん、ありがとうございました。松崎義行社長の「今木さんは涙が出るほど素晴らしいことをやっているのに、それを自分からは言わないのは謙虚過ぎる。もっと自慢していい」というお言葉に勇気づけられました。編集のとうのあつこさんと徳山雅代さんの細やかな仕事ぶりにも感謝しています。とうのさんとの深夜の打合せで、私がいつも思っている「命のケーキ」の話をした時に、涙が止まらないほど感動してくださったことは忘れられません。

そして何より、横浜の家を出て福岡で単身生活をする私の大きな支えになってくれているのは、妻の存在です。妻の理解と応援があるからこそ、新たな人生をのびのびと生きていける。常にそう実感しています。本当にありがとう。

読者のみなさん、読んでくださってありがとうございました。この本が、福岡の、そして日本のエンタメがさらに花開く一助になりますように。

今木清志

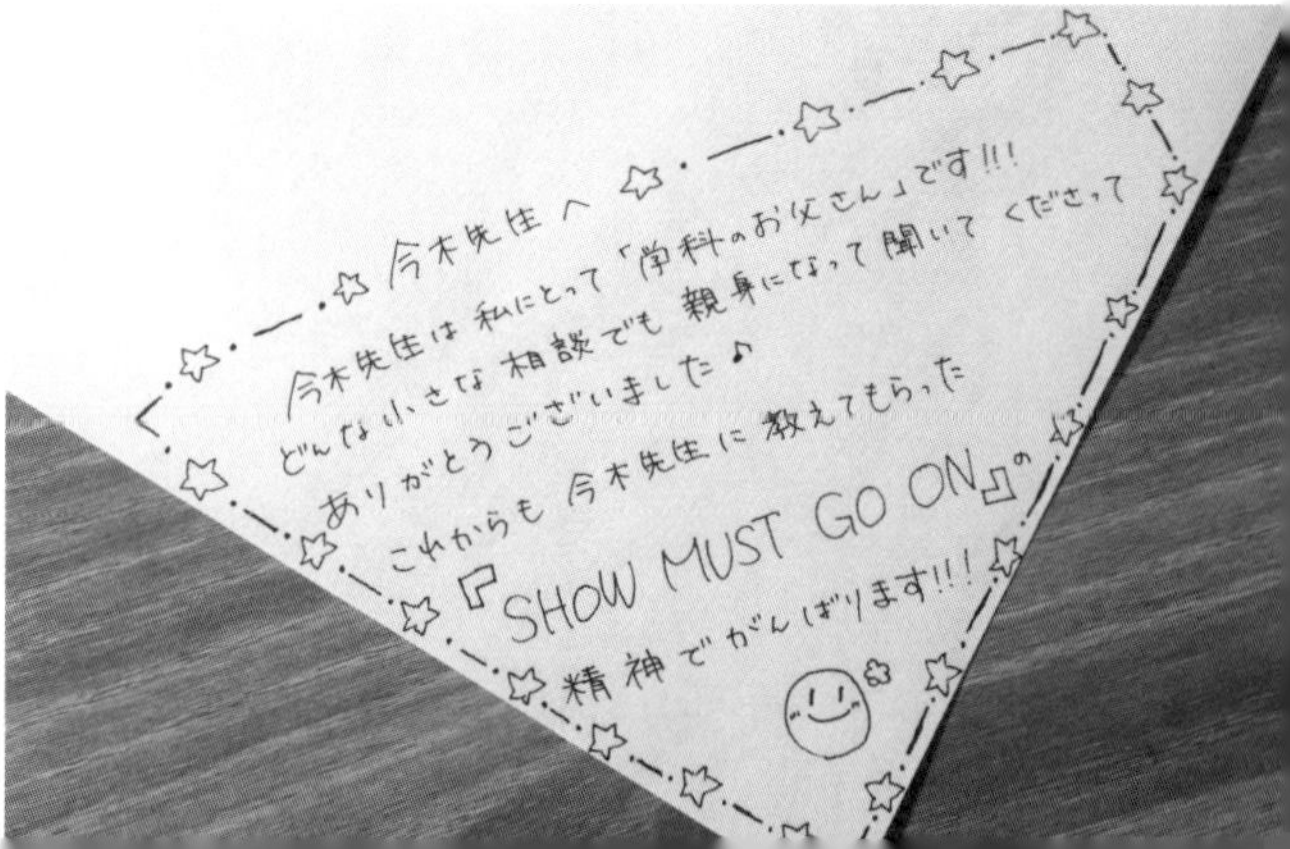

【プロフィール】

今木清志　いまき・きよし

元テレビ朝日プロデューサー
西日本短期大学教授
メディア・プロモーション学科長

1962年生まれ。東京大学文学部フランス文学科を卒業後、テレビ朝日に入社。ドラマ番組プロデューサーとして『はぐれ刑事純情派』『土曜ワイド劇場』など、多数のテレビドラマを制作。

2020年、西日本短期大学メディア・プロモーション学科教授に着任。専門はメディア論。テレビドラマ論、映画論、ジャーナリズム論などを講義。

学科の学生アイドルのプロデューサーとして、アイドルユニット「西短MP学科さくら組」を結成。コロナ禍の中で学生アイドルが社会の役に立てることを模索し、「コロナに負けない！　プロジェクト」を立ち上げる。「西短MP学科さくら組」による学科オリジナル楽曲『miso soup』『あかるいほうへ』『しあわせになりたい！』をプロデュースするなど、福岡からの積極的なエンターテインメント発信を続けている。

著者ホームページ

写真協力／宇野綾夏
西日本短期大学メディア・プロモーション学科関係各位
企　画／とうのあつこ
編　集／徳山雅代
装　幀／洪十六
デザイン・DTP ／池田麻理子
編集協力／尾崎久美

アイドル力《りょく》

福岡発《ふくおかはつ》！　西短《にしたん》ＭＰ学科《がっか》が日本《にほん》を楽《たの》しくする

2023 年 2 月 12 日　初版第1刷

著　者／今《いま》木《き》清志《きよし》

発行人／松崎義行
発　行／みらいパブリッシング
〒166-0003 東京都杉並区高円寺南 4-26-12 福丸ビル 6F
TEL 03-5913-8611　FAX 03-5913-8011
https://miraipub.jp　E-mail: info@miraipub.jp
企画協力／ J ディスカヴァー
発　売／星雲社（共同出版社・流通責任出版社）
〒112-0005 東京都文京区水道 1-3-30
TEL 03-3868-3275　FAX 03-3868-6588
印刷・製本／株式会社上野印刷所

ISBN978-4-434-31444-5 C0073